经典分层阅读

夜莺与玫瑰

本书编写组 —— 编

初二

上海科学技术文献出版社
Shanghai Scientific and Technological Literature Press

图书在版编目（CIP）数据

夜莺与玫瑰 / 本书编写组编 . —上海：上海科学技术文献
出版社 ,2022
ISBN 978-7-5439-8559-9

Ⅰ.①夜…　Ⅱ.①本…　Ⅲ.①阅读课—初中—教学参考
资料　Ⅳ.① G634.333

中国版本图书馆 CIP 数据核字 (2022) 第 041785 号

选题策划：张　树
责任编辑：苏密娅
封面设计：合育文化

夜莺与玫瑰
YEYING YU MEIGUI
本书编写组　编
出版发行：上海科学技术文献出版社
地　　址：上海市长乐路 746 号
邮政编码：200040
经　　销：全国新华书店
印　　刷：商务印书馆上海印刷有限公司
开　　本：650mm×900mm　1/16
印　　张：16.25
字　　数：182 000
版　　次：2022 年 7 月第 1 版　2022 年 7 月第 1 次印刷
书　　号：ISBN 978-7-5439-8559-9
定　　价：58.00 元
http://www.sstlp.com

真正的阅读，快乐的阅读

在基础教育阶段，即中小学教育阶段，语文学科不同于其他学科，有着特别重要的意义。

人类文明的积累和发展，建立在文字的基础之上。离开了文字，文化就无法积累，无法传承，一切现代文明都将不复存在。承担母语教育任务的语文教育，自然是一切教育的基础。

中小学语文，应该包括两项基本内容。一是掌握语言文字的表达能力，能熟练运用文字这个最重要的工具；二是培养对文学的喜爱，提高文学的鉴赏能力。这两项内容又是互相交叉、互相渗透的。因为最生动的语言一般都在经典的文学作品中，这也是语文课本大量选择文学作品的理由。

要学好语文，最要紧的，是要喜欢语文。只有喜欢语文，喜欢美文，喜欢文学，才能领略到文字的魅力，也才有可能自己写出准确生动的文字来。

遗憾的是，由于语文考试命题的日益"科学化"和"精细化"，以考试为指挥棒的语文教育，已经异化为对文章进行肢解式的分析，对所谓"考点"的猜测分析和应对（做大量的模拟考试题）。这样的阅读，离开了文章的内在逻辑，离开了文学阅读的本原含义，完全谈不上欣赏、体验文章的美感，而是从根本上摧毁了学生对文学的兴趣，对语文学习的兴趣。许多学生厌恶语文，讨厌阅读，这是语文教育异化的必然结果；也是语文教育可悲的失败。

任何学习，都必须建立在兴趣的基础之上。没有兴趣，是绝对不会有好的学习效果的。编辑这套书，最重要的目的，就是想在现有的语文教材之外，编选一些好文章，让学生在离开考试桎梏的心情下读一读，来领略文字的神奇魅力，来恢复对语文的兴趣。

读这些文章不需要做什么分析，不用去考虑什么主题、结构，你只要去欣赏，只要去感受语言的美、意境的美、情感的美、细节的美、思想的美、逻辑的美……如果你能够从内心深处感悟到，文章居然可以写得这么好啊，写文章是这么有意思啊！那么，我们的目的就达到了。

但是，世界上的好文章实在太多了；对好文章的理解也是见仁见智，没有完全一致的标准。由于编选者阅读范围以及鉴赏水平的限制，尽管在这套读本的编选过程中征求了不少作家和教育专家的意见，一定还是难免有很多遗珠之憾；也可能有些文章选得不很得当。我想，如果能让学生提高了阅读的兴趣，那么，更多的好文章，以及无法选入这个读本的长篇作品，学生们自己会去寻找，会去发现。阅读是一辈子的事情，重要的是要有真正的阅读，离开了考试阴影的快乐的阅读。让我们从这套书开始吧！

本书编写组
2022 年 4 月

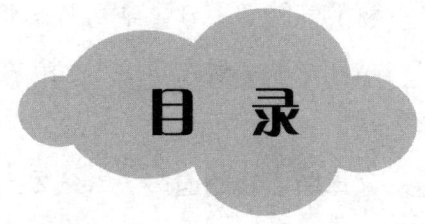

目 录

目
录

3

热爱生命

[法] 蒙 田 著 梁宗岱 黄建华 译

 **作者介绍**

蒙田，法国 16 世纪人文主义思想家。

著有《蒙田随笔全集》。《蒙田随笔全集》与培根的《人生论》、帕斯卡的《思想录》，被人们誉为欧洲近代哲理散文三大经典。

我对某些词语赋予特殊的含义。拿"度日"来说吧，天色不佳，令人不快的时候，我将"度日"看作是"消磨光阴"，而风和日丽的时候，我却不愿意去"度"，这时我是在慢慢赏玩、领略美好的时光。

坏日子，要飞快去"度"；好日子，要停下来细细品尝。"度日""消磨时光"的常用语令人想起那些"哲人"的习气。他们以为生命的利用不外乎在于将它打发、消磨，并且尽量回避它，无视它的存在，仿佛这是一件苦事、一件贱物似的。至于我，我却认为生命不是这个样的，我觉得它值得称颂，富有乐趣，即便我自己到了垂暮之年也还是如此。我们的生命来自自然的恩赐，它是优越无比的，如果我们觉得不堪生之重压或是白白虚度此生，那也只能怪我们自己。

糊涂人的一生枯燥无味，躁动不安，却将全部希望寄托于来世。

不过我却随时准备告别人生，毫不惋惜。这倒不是因生之艰辛或苦恼所致，而是由于生之本质在于死。因此只有乐于生的人才能真正不感到死之苦恼。享受生活要讲究方法。我比别人多享受到一倍的生活，因为生活乐趣的大小是随我们对生活的关心程度而定的。尤其在此刻，我眼看生命的时光无多，我就愈想增加生命的力量。我想靠迅速抓紧时间，去留住稍纵即逝的日子；我想凭时间的有效利用去弥补匆匆流逝的光阴。剩下的生命愈是短暂，我愈要使之过得丰盈饱满。

（选自《蒙田随笔》）

遵从生命

冯骥才

作者介绍

冯骥才，当代著名作家、民间文艺家。

代表作有《雕花烟斗》《高女人和她的矮丈夫》《神鞭》《三寸金莲》《珍珠鸟》等。

一位记者问我：

"你怎样分配写作和作画的时间？"

我说，我从来不分配，只听命于生命的需要，或者说遵从生命。他不明白，我告诉他：

写作时，我被文字淹没。一切想象中的形象和画面，还有情感乃至最细微的感觉，都必须"翻译"成文字符号，都必须寻觅到最恰如其分的文字代号，文字好比一种代用数码。我的脑袋便成了一本厚厚又沉重的字典。渐渐感到，语言不是一种沟通的工具，而是交流的隔膜与障碍——一旦把脑袋里的想象与心中的感受化为文字，就很难通过这些文字找到最初那种形象的鲜活状态。同时，我还会被自己组织起来的情节、故事、人物的纠葛，牢牢困住，就像陷入坚硬的石阵中。每每这个时期，我就渴望从这些故事和文字的缝隙中钻出去，奔向绘画。

当我扑到画案前，挥毫把一片淋漓光彩的彩墨泼到纸上，它立即呈现出无穷的形象。莽原大漠，疾雨微霜，浓情淡意，幽思苦绪，一下子立见眼前。无须去搜寻文字，刻意描写，借助于比喻，一切全都有声有色，有光有影迅速现于腕底。几根线条，带着或兴奋或哀伤或狂愤的情感；一块水墨，真切切的是期待是缅怀是梦想。那些在文字中只能意会的内涵，在这里却能非常具体地看见。绘画充满偶然性。愈是意外的艺术效果不期而至，绘画过程愈充满快感。从写作角度看，绘画是一种变幻想为现实、变瞬间为永恒的魔术。在绘画天地里，画家像一个法师，笔扫风至，墨放花开，法力无限，其乐无穷。可是，这样画下去，忽然某个时候会感到，那些难以描绘、难以用可视的形象来传达的事物与感受也要来困扰我。但这时只消撇开画笔，用一句话，就能透其神髓，奇妙又准确地表达出来，于是，我又自然而然地返回了写作。

所以我说，我在写作写到最充分时，便想画画；在作画做到最满足时，即渴望写作。好像爬山爬到峰顶时，纵入水潭游戏；在浪中耗尽体力，便仰卧在滩头享受日晒与风吹。在树影里吟诗，到阳光里唱歌，站在空谷中呼喊。这是一种随心所欲、任意反复的选择，一种两极的占有，一种甜蜜的往返与运动。而这一切都任凭生命状态的左右，没有安排、计划与理性的支配，这便是我说的：遵从生命。

这位记者听罢惊奇地说，你的自我感觉似乎不错。

我说，为什么不。艺术家浸在艺术里，如同酒鬼泡在酒里，感觉当然很好。

（选自《冯骥才散文》）

乡梦不曾休

黄永玉

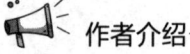

黄永玉，著名画家、作家。

著有《永玉六记》《老婆呀，不要哭》《这些忧郁的碎屑》《沿着塞纳河到翡冷翠》《太阳下的风景》《无愁河的浪荡汉子》等。

我为曾在那里念过书的凤凰县文昌阁小学写过一首歌词，用外国古老的名歌配在一起，于是孩子们就唱起来了。昨天听侄儿说，我家坡下的一个八九岁的女孩抱着弟弟唱催眠曲的时候，也哼着这支歌呢！

歌词有两句是：

无论走到哪里，都把你想望。

这当然是我几十年来在外面生活对于故乡的心情，也希望孩子们长大到外头工作的时候，不要忘记养育过我们的深情的土地。

我有时不免奇怪，一个人怎么会把故乡忘记呢？凭什么把她忘了呢？不怀念那些河流？那些山冈上的森林？那些长满羊齿植物遮盖着的水井？那些透过嫩绿树叶的雾中的阳光？你小时的游伴？唱过的歌？嫁在乡下的妹妹？……未免太狠心了。

故乡是祖国在观念和情感上最具体的表现。你是放在天上的风筝，线的另一端就是牵系着心灵的故乡的一切影子。惟愿是因为风而不是你自己把这根线割断了啊！……

家乡的长辈和老师们大多不在了，小学的同学也已剩下不几个，我生活在陌生的河流里，河流的语言和温度却都是熟悉的。

我走在五十年前（半个世纪，天哪！）上学的石板路上，沿途嗅闻着曾经怀念过的气息，听一些温暖的声音。我来到文昌阁小学，我走进了二年级的课堂，坐在自己的座位上：

"黄永玉，六乘六等于几？"

我慢慢站了起来。

课堂里空无一人。

一九八二年六月十九日于凤凰
（选自《黄永玉散文》）

乡梦不曾休

7

树

王尔碑

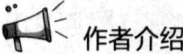

作者介绍

王尔碑，当代诗人、作家。

著有诗集《美的呼唤》；散文集《云溪笔记》；散文诗集《行云集》《寒溪的路》等。

天快亮的时候，有一个人在我家门前栽树。我睡得像个石头，没有听到刨土的声音。

呵，一棵小枫树！

"是谁带你来的呀？"

树，调皮地笑着："我不说。这是秘密。"

每一天，我给小树浇灌清泉。

小树，长得和我一样高了。

小树，渐渐长得像一个巨人了。而我还是那么矮小。

她撑开一把绿色的大伞。从此，我有一个绿色的天空。

我的天空有着淡淡的香味。无论我离开她多远，多远，无论遇到什么风雨，她那兰草般的气息，总是固执地萦绕着我，给我无尽的清丽的希望和微笑。……

　　不知是怎么的，忽然，我发现自己已经很老很老了。于是，我赶回故乡，想看看那棵树。

　　呵，阔别多年的枫树！她和我一样，仿佛来到世上只有一瞬间，却已跨进人生的深秋。可是，她却显得很年轻，好像生命刚刚开始。迎着霜风、白露，那些绿的叶子，已经不是纯粹的绿色，渐渐地现出鹅黄色的、水红色的花纹，每片树叶，都像一幅无题的图画；渐渐地，它们又变成一色的深红。在艳艳阳光下，赠我一个红宝石般的天空！

　　呵，我的天空默默地对我说：

　　美是忘我。

　　美是奉献。

　　美是无限的，无休无止的创造。……

　　我不能忘记那个栽树的人。尽管我不认识他。

　　最近，故乡一个老人来信告诉我："在四十年前，一个冬日的夜晚，一个追求真理的植物学家，在逃亡途中，曾走过我们的荒村，他背着雨伞，也背着绿色的树苗，他一路走，一路栽树……你家门前那枫树，一定是他栽的了……"

　　可敬的播种者呵，如今，你在哪里呢？

　　我想：衰老和死亡都不属于你。你的青春是永恒的。

（选自《行云集》）

树

童话年鉴

［德］威廉·豪夫　著　张佩芬　译

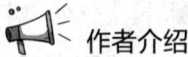作者介绍

　　威廉·豪夫，世界最著名的童话作家之一，德国19世纪著名的小说家和诗人。

　　主要童话作品有《童话年鉴》《商队》《亚历山大教长和他的奴隶们》《施佩萨尔特客店》《小矮子穆克》《仙鹤哈里发的故事》《年轻的英国人》《冷酷的心》等。

　　据说，在遥远的地方，有一个美丽的国家，那里的太阳永恒照耀着翠绿花园，从不下沉。那里自开天辟地至今，始终由幻想女王统治着。许多世纪以来，她始终不渝地为自己的子民忙碌，慷慨地赐给他们幸福。凡是认识她的人，没有一个不爱戴她、尊敬她。幻想女王的心非常博大，因而她的善行也不局限于自己王国的范畴。她曾经穿着女王的服饰，也即她那永恒的青春和美丽，亲自去到人类世界。因为她听说，那里的居民终年辛劳度日，生活得很是凄惨严酷。她给他们带去了自己王国里最美好的礼物。自从美丽的女王穿行过这个世界的土地之后，人们在劳苦工作时有了快乐，严酷生活里有了笑声。

女王的孩子们都很美丽可爱，不亚于他们的母亲，为了造福人类，也都被她派遣到了人间。有一次，女王的大女儿童话从人间回家了。母亲注意到童话很伤心，是的，有时候甚至觉得她似乎哭泣过。

"你怎么啦，亲爱的女儿？"女王问童话，"你怎么一回来就悲伤哀叹，垂头丧气，有什么伤心事啊？难道连母亲也不能告诉吗？"

"啊，亲爱的妈妈，"童话回答道，"我知道，我的苦恼也是你的苦恼，否则我早就不会沉默不语了。"

"讲出来吧，我的女儿，"女王叮嘱说，"悲伤是一块大石头，会压垮一个孤单的人，两个人却可以轻而易举地把它从路上搬开。"

"你要我讲出来，"童话回答说，"那就讲吧。你知道的，我是多么乐意和人们交往，又多么喜欢去找最穷苦的人，坐在他们的小屋前，为了让他们辛苦劳作一天后能够轻松地消遣片刻。以前，我一去他们总是立即伸出手来友好地表示欢迎；当我继续自己的旅程时，他们就满意地微微含笑望着我离去。可是如今再也没有这种情况了！"

"可怜的童话！"女王边说，边抚摩女儿的脸颊，擦去一滴泪水留下的湿迹，"也许都是你的想象吧？"

"请相信我的感觉，一定十分正确，"童话回答说，"他们已经不再喜欢我。不论我走到哪里，总是遭人白眼；没有一个地方再欢迎我露面；就连一直非常喜欢我的孩子们，也嘲笑我了，甚至故意背过身子不理我。"

女王把额头支在手上，默默沉思着。

"怎么会这样呢？"女王询问地说，"童话，难道世界上的人都变了心？"

"是啊，他们增设了机灵的守卫，凡是从我们国家去的人，噢，幻想女王啊，他们全都要进行检查。这些人的眼光很尖刻，谁若不称他们的心，他们就会大叫大嚷，不是把他揍死，就是当着众人把他诽谤得一文不值。然而他们说的每一句话，众人都信，这种情况下，你还能获得一丝爱意、一点儿信任吗？唉，我的司梦兄弟们多美啊，他们快快活活、轻轻松松地跳进人类世界，不必理睬任何机灵的守卫，径直去拜访那些熟睡的人们，为他们编织美梦，让他们满心快乐、满眼愉悦呢！"

"你的兄弟们都是些轻浮的孩子，"女王说，"所以你，亲爱的女儿，没有理由妒忌他们。我认识那些守卫边境的人，人们布置守卫是无可厚非的。确实有那么一批道德败坏的家伙，冒充是来自我们国家大地的人，其实他们至多仅仅在某座山头朝我们遥望过而已。"

"但是你为什么要让我，你的亲生女儿，替别人吃苦头呢？"童话哭泣着说，"啊，你要是知道他们怎样对待我就好了。他们骂我老姑娘，还威胁说，下次就绝不放我入境了。"

"什么，不让我的女儿入境？"女王大声叫喊起来，怒气加深了她脸颊上的红色，"我知道是谁捣的鬼，肯定是那个邪恶的姑姑，是她造了我们的谣言！"

"你说的是时尚姑娘吗？这不可能！"童话高声说道，"她一向对我们极友好的。"

"嗯，我可认识她，一个虚伪的人。"女王回答说，"然而，我的女儿，你偏偏对着干，再走一趟，看她能怎么样。谁想造福于人，就不可中途停顿。"

"啊，妈妈，倘若他们干脆把我赶走呢？倘若他们诽谤我，弄得谁也不尊重我，轻蔑地让我孤单单待在一个角落里，怎么办呢？"

"倘若是年老的长辈受到时尚的蒙蔽，因而轻视你，那么你就去找年幼的一辈好了，他们才真是我心爱的宠儿，我常常通过你司梦的兄弟向他们赠送自己最欣赏的图画。是的，我自己也经常飞翔到他们的身边，爱抚他们，亲吻他们，和他们一起玩美丽的游戏。他们也早已认识了我，虽然并不知道我的真名实姓，但是我早已观察到夜幕下他们如何仰望我的星眸；清晨时分，当我梳弄天空中亮晶晶的云旗时，他们又如何欢天喜地，拍手雀跃。

他们长大后，也依旧爱我，于是我就会帮助可爱的姑娘们编织彩色花环，我会让狂野的男孩们变得安静；我会和他们一起踞坐于高高的悬崖顶端，让远方蔚蓝色群山雾霭迷蒙的世界中浮现出高耸入云的城堡和闪闪发光的宫殿，我会用傍晚的彩色云霞构成一群群勇敢的骑兵和一行行朝圣的香客。"

"好极了，善良的孩子们！"童话激动地叫嚷，"这就行啦！只要和他们在一起，我愿意再试试。"

"就这样吧，好女儿，"女王说，"到他们身边去吧，不过我还得再替你打扮打扮，既可以取悦孩子们，又不让年长一辈人反感。我要送你一件年鉴服。"

"一件年鉴服？噢，妈妈！——在大庭广众前穿得这么炫目，

我会害羞的。"

女王向宫女们示意，取来了这件华丽的年鉴服。衣服色彩绚丽，晶晶闪亮，上面编织着美丽的图画。

宫女们把童话姑娘的漂亮长发编成辫子；又把一双金色便鞋套在她脚上，最后替她披上了年鉴服。

朴实的童话简直不敢抬眼看人，她母亲则满意地欣赏不已，并把姑娘拥进了怀里。"去吧，"她对小女孩说，"我的祝福和你同行。倘若他们仍旧轻视你、嘲笑你，你就到我身边来好了，也许后出生的那一辈人会比较纯真，他们会重新信赖你。"

幻想女王这么说罢，童话姑娘便动身去人类世界了。她心里怦怦跳着走近了机警的守卫们驻守之处。她低低地垂下自己的头，用那件华丽的衣服紧紧地裹住身子，迈着怯生生的步子走近了大门。

"站住！"一个低沉的声音粗暴地喊道："守卫们，出去看看！又来了一个年鉴。"

童话听见这话不禁浑身颤抖。许多面容阴沉的成年男人冲出门外，拳头里紧握着削尖的羽毛笔，尖头对准了童话。人群中走出一个男子，向童话走过来，用粗糙的手托住她的下巴："年鉴先生，把头抬起来吧，"他高声喊道，"让大家看看你的眼睛究竟是好人呢，还是一个坏蛋？"

童话满脸通红，高高仰起小脸，睁大了乌黑的眼睛。

"啊，童话！"守卫喊了一声，便放声大笑起来，"你来这里搞什么名堂！怎么穿了这种衣裳？"

"我母亲让我穿的。"童话回答。

"是这样吗？她打算把你偷运进我们的国家里来吗？这可办

不到！你走吧，赶快离开这儿！"守卫们异口同声地叫嚷，都举起了削得尖尖的羽毛笔。

"我不过想去看看孩子们啊，"童话请求道，"这难道也不允许吗？"

"这样的流氓无赖在世界上不是多得很吗？"守卫之一高声说，"他们只会喋喋不休地和孩子们胡扯，没什么正经事。"

"让我们看看她这一次想讲什么。"另一个守卫提出看法说。

"好吧，"他们一齐吵吵嚷嚷地回答，"就让你说说吧，你知道些什么，赶快讲，我们没有很多时间和你磨蹭。"

童话伸出手，用食指在空中画出了许多符号。于是，众人便看见无数色彩缤纷的形象在他们眼前走过：有骏马成群的巨大商队，装饰华丽的骑士在荒凉的沙漠上搭起了连片的帐篷；有在波涛汹涌的大海间翻飞飘摇的飞鸟和船只；有寂静的森林以及人声鼎沸的广场和街道；有战场和一片平静的游牧民族的住地。所有的形象全都生气勃勃、熙熙攘攘、成群结队、一幕一幕地闪过人们的眼前。

童话一心一意显现她的图景，没有注意看守边境的守卫们都一个一个逐渐睡着了。正当她想再描绘一幅新的画面时，一个面目和善的男人走近她的身边，握住了她的手。"你看看吧，善良的童话，"他边说边用手指指那些睡着的人，"你那些色彩斑斓的东西对这些人毫无作用。赶快溜进来吧，他们不知道你已进入这个国家，你可以上街去自由自在地行走，没有人会注意的。我愿意领你去我家见我的孩子们。你可以在我家里有一个小小的充满友情的安静住处，自由自在地过日子。我的女儿们做完功课后可以和他们的小伙伴一起来听你讲故事，你觉得怎么样？"

"啊，我太愿意了，太愿意让他们和我一起分享快乐时光啦！"

这位善良的人和蔼地向她点点头，帮助她跨过熟睡着的守卫们的身体。童话转身看了看睡着的人，调皮地微笑着，迅速地走进了大门。

（选自《豪夫童话》）

夜莺与玫瑰

［英］王尔德　著　汤定九　译

 **作者介绍**

　　王尔德，英国 19 世纪著名剧作家、诗人、散文家。

　　著有小说《道林·格雷的画像》；童话《快乐王子和其他故事》；诗集《诗集》《斯芬克斯》《瑞丁监狱之歌》；剧本《温德密尔夫人的扇子》《莎乐美》《理想的丈夫》等。

　　"她说只要我送给她红玫瑰，她就和我一起跳舞。"年轻的学生大声说，"可是在我整个花园里，连一朵红玫瑰都没有。"

　　夜莺在圣栎树上自己的鸟巢里听到了他说的这番话，她从树叶丛中探出头来，感到有点儿好奇。

　　"在我整个花园里都找不到一朵红玫瑰！"他哭着说，他那美丽的眼睛充满了泪水。"唉，难道幸福就取决于这么微不足道的小事！我读过智者们写的所有的文章，也知道人生哲学的一切奥秘，可就是缺少一朵红玫瑰，这就让我的生活变得很不幸了。"

"在这里总算有一位真诚的爱人了。"夜莺说,"虽然我并不认识他,但我会一个又一个夜晚为他歌唱,一个又一个夜晚把他的故事讲给星星们听。现在我看见他了。他的头发像风信子花一般黑,他的嘴唇像他想要得到的玫瑰一样红;可是感情把他折磨得脸色如同象牙一样苍白,忧愁已经在他的眉宇间烙上了印记。"

"王子明天晚上要举行一场舞会,"年轻的学生喃喃地说,"我所爱的人也要去赴会。如果我送给她一朵红玫瑰,她就会一直和我跳舞到天明。如果我送给她一朵红玫瑰,我就能搂着她,她就会把头靠在我的肩上,她的手就会捏在我的手里。可是在我的花园里没红玫瑰,所以我只能孤寂地坐在那儿,看着她从我身边走过,她不会注意到我,我的心要碎了。"

"这的确是一位真诚的爱人。"夜莺说,"我所唱的也正是他遭受的苦难——对我来说是一种快乐,对他来说却是痛苦。爱情无疑是美妙的事情。它比绿宝石更珍贵,比上等的蛋白石价更高。用珍珠和石榴都换不到它,在市场上也不会有出售。那不是从商人那儿能买得到的,也不能称出它的重量用黄金来等价交换。"

"乐师们会坐在他们的回廊中弹奏他们的弦乐器,"年轻的学生说,"我心爱的人将随着那竖琴和小提琴的音乐声翩翩起舞。她跳得非常轻盈,好像连脚都不会挨着地板似的,那些身穿华丽的衣服的侍臣们会团团地围在她的身边。可是她不会和我跳舞,因为我没有红玫瑰带给她。"说着他一下扑倒在草地上,用手捂着脸呜呜哭起来了。

"他为什么哭啊?"一只绿色小蜥蜴问道,他从他身边跑过,尾巴翘得半天高。

"是啊，为什么呢?"一只蝴蝶说，她正追逐着一缕阳光飞来飞去。

"是啊，为什么呢?"一朵雏菊轻声柔气地对着她的邻居悄悄说道。

"他在为一朵红玫瑰而哭泣。"夜莺告诉他们说。

"为一朵红玫瑰?"他们大声叫嚷起来，"这多么可笑啊!"小蜥蜴是个有点喜欢冷嘲热讽的人，他哈哈大笑起来。

可是夜莺理解学生伤心的原因，她默默地坐在橡树上，思索着爱的秘密。

突然，她展开褐色的翅膀，高高飞上了天空。她像影子似的穿过了小树林，又像影子一样掠过了花园。

在一小块草地中间有一棵美丽的玫瑰树，看见那棵树，她飞过去，落在一根小枝丫上。

"给我一朵红玫瑰，"她大声说，"我会给你唱我最甜美的歌。"

可是那棵树摇了摇头。

"我的玫瑰是白色的，"它回答说，"就像大海的泡沫一样白，比山顶上的雪还要白。你去找我那位生长在老日晷仪旁边的兄弟吧，也许他会给你想要的东西。"

夜莺便飞到那棵生长在老日晷仪旁边的玫瑰树上。

"给我一朵红玫瑰，"她大声说，"我会给你唱我最甜美的歌。"

可是那棵树摇了摇头。

"我的玫瑰是黄色的，"它回答说，"就像坐在琥珀王座上的美人鱼的头发一样黄，比刈草人带着他的长柄大镰刀来收割之前

在草地上盛开的水仙花还要黄。你去找我那位长在学生的窗子下的兄弟吧，也许他会给你想要的东西。"

夜莺便飞到那棵长在学生窗子下的玫瑰树上。

"给我一朵红玫瑰，"她大声说，"我会给你唱我最甜美的歌。"

可是那棵树摇了摇头。

"我的玫瑰是红色的，"它回答说，"像鸽子的脚一样红，比海洋的洞穴中摇来摆去的珊瑚的大扇子还要红。可是冬天冻僵了我的血管，冰霜掐掉了我的芽苞，暴风雨折断了我的枝丫，今年根本就开不出玫瑰了。"

"我只要一朵红玫瑰，"夜莺叫道，"只要一朵红玫瑰呀！难道就没有办法让我得到它了吗？"

"有一个办法，"树回答说，"不过这个方法太可怕了，我不敢告诉你。"

"告诉我吧，"夜莺说，"我不怕。"

"如果你想要一朵红玫瑰，"树说，"你一定要借着月光用音乐把它造出来，而且要用你心中的血去涂染这花朵。你必须用你的胸部去顶着一根刺来给我唱歌。你必须为我唱整整一个晚上，那根刺必须刺穿你的心脏，你的生命的血必须流进我的血管，变成我的血。"

"要用死来换一朵红玫瑰，这个代价太大了，"夜莺大声地说，"生命对每个人来说都是非常珍贵的。能坐在绿色的森林里，望着太阳驾驶着他那金色的马车，望着月亮驾驶着他那珍珠色的马车，那是多么快乐的事情啊。山楂散发出甜美的香味，藏在山谷中的蓝铃花和开放在小山坡上的石楠花也是甜美的。不过爱情还是比生命更重要啊，况且和一个人的心相比，一只鸟的心又算得了什么呢？"

于是，她展开她那褐色的翅膀，高高飞上了天空。她像影子似的掠过了花园，又像影子似的穿越了小树林。

年轻的学生仍然躺在她离开他时的那片草地上，他那双美丽的眼睛中泪水还没有干。

"你要快乐啊，"夜莺大声说，"你要快乐啊，你就会得到你想要的红玫瑰了。我要借着月光用音乐把它造出来，再用我心中的血去涂染它。我只要求你做一件事来报答我，那就是做一个忠实的爱人。因为哲学虽然很明智，爱情却比他更明智；权力虽然很有力量，爱情却比他更有力量。爱情翅膀的颜色如同火焰一样，爱情身躯的颜色也和火焰一样。他的嘴唇像蜜一般甜，他呼出来的气息跟乳香一样芬芳。"

学生从草地上仰起头，侧耳倾听着，可是他听不懂夜莺对他说的话，因为他只能理解书本上写的东西。

可是橡树听懂了，他感到很难过，因为他非常喜欢这个在他的树枝上筑巢的小夜莺。

"给我唱最后一首歌吧，"他轻声说，"你走了，我会感到很孤单的。"

夜莺便唱歌给橡树听，她的声音像银罐子里沸腾的水一样。

等她唱完歌，学生便站起来了，他从口袋里拿出一个笔记本和一支铅笔。

"她的模样真好看，这是不可否认的。"他穿过小树林时心里想道，"可是她会有感情吗？我看不见得。其实，她也像大多数艺术家一样，很有风采，但没有一点诚心。她是不会为别人牺牲自己的。她一心只想到音乐，大家都知道，艺术就是自私的。不过，也不得不承认，她的歌声里还是有一些美妙的音调。遗憾的是这些音调并没有什么意义，也不会带来任何实际的好处。"他走进自己的房间，躺在他的小床上，又想起了他爱的人。过了一会儿，他睡着了。

当一轮明月悬挂在天上的时候，夜莺飞到了玫瑰树上，她用她的胸部顶住了刺。整整一个晚上她都用胸部顶着刺在唱歌，就连那水晶般的冷月也俯下身来静静地倾听着。她唱了整整一个晚上，玫瑰刺在她的胸部越扎越深，她的生命之血也从身上汩汩地流走了。

她起初唱的是一对少男少女心中萌发的爱情。在那玫瑰树顶端的小枝丫上开放出一朵奇异的玫瑰，当歌一首接着一首往下唱的时候，花瓣也一片跟着一片开放了。最初开放出来的花朵是苍白的，就像笼罩在河上的雾——如同清晨的脚步一般苍白，如同黎明的翅膀一样泛着银光。它就像是一面银镜中一朵玫瑰的影子，也像是一汪池水中一朵玫瑰的倒影。在树的顶端的小枝丫上开出来的玫瑰花就是这样的。

可是树叫夜莺在刺上顶得紧一些。"顶得紧一些，小夜莺，"树大声叫着，"不然，玫瑰还没有完成天就要亮了。"

于是，夜莺在刺上顶得更紧了，她的歌声也越来越响亮，因为她唱的是一对男女心灵中产生了强烈的感情。

一层淡淡的粉红色的红晕浮现在玫瑰花瓣上，就像是新郎吻着新娘嘴唇时脸上泛起的红晕。可是刺还没有到达夜莺的心脏，玫瑰花的心还是白的，因为只有夜莺心中的血才能使玫瑰的心变成深红色。

这时树又叫夜莺在刺上顶得紧一些。"再紧些，小夜莺，"树大声叫喊着，"不然，玫瑰还没有长成天就要亮了。"

于是夜莺在刺上顶得更紧了，刺碰到了她的心脏，一阵剧烈的疼痛袭遍了她的全身。她痛得一阵比一阵更厉害，歌声也唱得一阵比一阵更激昂，因为她唱的是死亡使爱情变得完美，也唱到了在坟墓中也不会死去的爱情。

这朵奇异的玫瑰变成了深红色，就像东方的天空出现的朝霞。花瓣外面的一圈是深红色的，花心红得像一块红宝石。

可是夜莺的声音越来越微弱了，她的一对小翅膀开始扑打起来，她的眼睛变得模糊不清。她的歌声变得越来越轻，她觉得有什么东西堵在自己的喉咙口。

这时，她唱出了最后的一阵歌声。月亮听见了，竟忘记了黎明的来临，逗留在天空中不肯离去。红色的玫瑰听见了，惊喜得浑身都颤抖起来，张开了自己的花瓣去迎接寒冷的清晨。回声把歌声带到了山中紫色的洞穴里，把牧羊人从他们的睡梦中唤醒。歌声飘过河中的芦苇丛，芦苇又把它的声音传到了大海。

"看啊，看啊！"树大声说，"玫瑰长好了。"可是夜莺没有回答，因为她躺在长长的草丛中已经死了，一根刺还扎在她的心口上。

中午时分，学生打开他的窗户朝外看去。

"哎呀，真是太幸运了！"他大声叫道，"这儿有一朵红玫瑰！我一生中还从来没见过像这样的玫瑰呢。它真漂亮啊，我相信它一定有一个很长的拉丁名字。"他把身子探到窗外摘下了玫瑰。

随后他戴上帽子，捧着红玫瑰，朝教授家跑去。

教授的女儿正坐在门口，在一个卷筒上缠绕蓝色的丝线，她的小狗躺在她的脚边。

"你说过如果我送给你一朵红玫瑰，你就会跟我跳舞。"学生大声说，"这里有一朵全世界最红的玫瑰。今晚你把它戴在你的胸口上，在我们跳舞的时候它会告诉你我是多么爱你。"

可是女孩皱起了眉头。

"恐怕它跟我的衣服不相配吧，"她回答说，"再说，宫廷大臣的侄子已经送给了我一些货真价实的珠宝，人人都知道珠宝比花值钱多了。"

"好吧，我老实告诉你，你太忘恩负义了。"学生气愤地说，他把玫瑰扔到了大街上，花掉进了排水沟里，一个车轮从它身上碾了过去。

"忘恩负义！"少女说，"我告诉你吧，你太粗鲁了；你算什么呢？只不过是一个学生罢了。唔，我看你是不会像宫廷大臣的侄子那样，他鞋子上钉的都是银扣子呢。"说着她从椅子上站起来走进屋里去了。

"爱情真是愚蠢透了。"学生一边说着一边走开了。"它抵不上逻辑的一半用处，因为它什么都证明不了。它总是在对人们讲述不会发生的事情，让别人相信不真实的事。说实在的，它太不切实际了，在这个年代讲究实际是最重要的，我还是回到我的哲学上去，去研究形而上学吧。"

于是，他回到自己的房间，拿出一本沾满了灰尘的大书读了起来。

（选自《快乐王子》）

狮子、狗鱼和老人

［俄］阿·托尔斯泰　著　吴兴勇　译

 作者介绍

阿·托尔斯泰，俄国著名作家。

主要作品有《苦难的历程》《阴暗的早晨》《彼得一世》和剧本《伊凡雷帝》等。

有一次，在一条河边，狮子与狗鱼在一起谈心，有一个人站在附近某处，听他们谈话。

狗鱼一看见有人，马上钻入水中，不见了。后来，这只狮子又遇见了这条狗鱼，狮子问狗鱼道："上次我们正在谈话，你忽然钻入水中不见了，为什么啊？"

"我看见人啦。"

"看见人又怎么啦，值得这样大惊小怪吗？难道人会一口把你吃了？只有我狮子才是百兽之王，人的力量远不如我。"

"大王，论体力人的确不如你，但人是很狡猾的，是极难对付的动物。""人算什么东西？"狮子问道。"叫他来与我比试比试，我要吃了他。"

于是，狮子就主动找人比试。一个男孩子迎面走来。

"你是人吗？"

"不，我现在是一个小孩，尚未取得成年人的资格。再过些时候，我才是成人呐！"狮子碰也没有碰他，就走开了，因为狮子大王犯不着与一个尚未取得人的资格的小不点儿较量。一个老头儿迎面走来。

"你是人吗？"

"不，狮子大王！我现在还能算什么人呐？从前有个时候，我的确是个人。"

狮子碰也没碰它。狮子大王用不着与一个失去了人的资格的家伙比武，这辱没了它大王的威风。

"多奇怪呀，天底下找不到一个真正的人！"

狮子走了又走，碰到了一个全副武装，持刀佩枪的大兵。

"你是人吗？"

"我是人。"

"好，我要吃你！"

"你等一等，"大兵对它说，"你退后两步，我自己跳到你嘴里去。你把嘴张大点儿吧。"

狮子退后一些，张大嘴巴，等待人自动跳入它的嘴巴。没料到这个狡猾的人砰地朝它开了一枪，接着又跑上前，挥刀砍掉了它的一只耳朵。狮子负痛仓促逃跑了。它跑到河边。狗鱼从水中探出头来，问道："喂，怎么啦，狮大王，看见人没有？"

"你说得对，"狮子说，"人是狡猾的动物！开头我没有找到人：一个说，他从前是人；一个说，他将来是人，等到我把人找到了——我可倒霉啦。他吩咐我退后两步，把嘴张大，他说自己会跳进我嘴里，让我吃个饱。我信以为真，没想到这是他的缓兵之计。接着他朝我嘴里吐了一口唾沫，他的一口唾沫也真厉害，我的嘴到现在还热辣辣的发烫呢，然后他又吐出舌头，朝我脸上一舔，就舔去了我的耳朵。"

"的确是这样，我早就对你说过，人是很狡猾的……"

（选自《阿·托尔斯泰童话》）

风

杨 绛

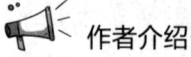
作者介绍

杨绛，著名作家、评论家、翻译家、剧作家、学者。

著有散文集《干校六记》《将饮茶》《我们仨》《走到人生边上》；长篇小说《洗澡》等；译有《堂吉诃德》《吉尔·布拉斯》《小癞子》等。

为什么天地这般复杂地把风约束在中间？硬的东西把它挡住，软的东西把它牵绕住。不管它怎样猛烈的吹；吹过遮天的山峰，洒脱缭绕的树林，扫过辽阔的海洋，终逃不到天地以外去。或者为此，风一辈子不能平静，和人的感情一样。

也许最平静的风，还是拂拂微风。果然纹风不动，不是平静，却是酝酿风暴了。蒸闷的暑天，风重重地把天压低了一半，树梢头的小叶子都沉沉垂着，风一丝不动，可是何曾平静呢？风的力量，已经可以预先觉到，好像蹲伏的猛兽，不在睡觉，正要纵身远跳。只有拂拂微风最平静，没有东西去阻挠它：树叶儿由它撩拨，杨柳顺着它弯腰，花儿草儿都随它俯仰，门里窗里任它出进，轻云附着它浮动，水面被它偎着，也柔和地让它搓揉。随着早晚的温凉、四季的寒暖，一阵微风，像那悠远轻淡的情感，使天地浮现出忧喜不同的颜色。有时候一阵风是这般轻快，这般高兴，顽皮似的一路拍打拨弄。有时候淡淡的带些清愁，有时候润润的带些温柔；有时候亢爽，有时候凄凉。谁说天地无情？它只微微的笑，轻轻的叹息，只许抑制着的风拂拂吹动。因为一放松，天地便主持不住。

假如一股流水，嫌两岸束缚太紧，它只要流、流、流，直流到海，便没了边界，便自由了。风呢，除非把它紧紧收束起来，却没法儿解脱它。放松些，让它吹重些吧；树枝儿便拦住不放，脚下一块石子一棵小草都横着身子伸着臂膀来阻挡。窗嫌小，门嫌狭，都挤不过去。墙把它遮住，房子把它罩住。但是风顾得这些么？沙石不妨带着走，树叶儿可以卷个光，墙可以推倒，房子可以掀翻。再吹重些，树木可以拔掉，山石可以吹塌，可以卷起大浪，把大块土地吞没，可以把房屋城堡一股脑儿扫个干净。听它狂嗥狞笑怒吼哀号一般，愈是阻挡它，愈是发狂一般推撞过去。谁还能管它么？地下的泥沙吹在半天，天上的云压近了地，太阳没了光辉，地上没了颜色，直要把天地捣毁，恢复那不分天地的混沌。

不过风究竟不能掀翻一角青天，撞将出去。不管怎样猛烈，毕竟闷在小小一个天地中间。吹吧，只能像海底起伏鼓动着的那股力量，掀起一浪，又被压伏下去。风就是这般压在天底下，吹着吹着，只把地面吹起成一片凌乱，自己照旧是不得自由。末

风

了，像盛怒到极点，不能再怒，化成恹恹的烦闷懊恼；像悲哀到极点，转成绵绵幽恨；狂欢到极点，变为凄凉；失望到极点，成了淡漠。风尽情闹到极点，也乏了。不论是严冷的风，蒸热的风，不论是哀号的风，怒叫的风，到末来，渐渐儿微弱下去，剩几声悠长的叹气，便没了声音，好像风都吹完了。

但是风哪里就吹完了呢。只要听平静的时候，夜晚黄昏，往往有几声低吁，像安命的老人，无可奈何的叹息。风究竟还不肯驯服。或者就为此吧，天地把风这般紧紧的约束着。

四十年代

（选自《杨绛散文》）

静

[新加坡] 蔡 欣

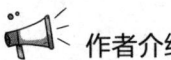 **作者介绍**

蔡欣，新加坡作家。

著有诗集《昙花》《贝壳》《感怀》；散文集《椰花集》；文艺随笔《艺苑漫游》《上帝与艺术》等。

我爱静。

由是，我憎恶一切吵声，无论其为机械的或自以为天然而其实是矫饰的噪音。

歌星的呕哑固然刺耳，麻雀的啁啾也一并不能掩盖其破坏大自然的罪名，至于绿荫深处的蝉鸣，充其量亦不过是在作高频率的翅膀机械震动而已。

我宁抉择危崖上的鹰隼。它冷峻如峭岩，且似乎随时可以化石，然而轻飔掠草，它却能卒然奋击。

或宁取幽谷里的黄鹂。偶尔长鸣划空，如晚钟震过古刹，给

四周荡着一个更难测的沉寂。之后，另一声长鸣将更嘹亮。

由是，我深爱那孕育大动的静。

自以为大静的同时，听罢：心房在激烈鼓动，热流在血管里奔腾，而沸烫的熔浆就在脚下薄弱的地皮里汹涌……

天风死去，夜幕上众星如贴。而我竟感觉到地球的高速滚动，星子们一瞬万里，光，于暗夜并没有停止他那无可捉摸的脚程——以致整个大宇宙大实在……

而一切大动将斩断大静的脐带。

由是，我起身迎接在大静中诞生的未来。

（选自《新加坡当代华文文学大系·散文集》）

声 音

阿 来

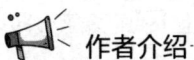作者介绍

阿来，著名作家，第五届茅盾文学奖得主。

代表作有《尘埃落定》《空山》《格萨尔王》等。

刃口一样轻薄的寒意！

当我从军马场招待所床上醒来，看见若尔盖草原的金色阳光投射到墙上时，立即感到了这轻薄的寒意。

阳光是那么温暖金黄，新鲜清冽的寒意仍然阵阵袭来。这寒意来自草原深处那些即将封冻的沼泽，来自清凉漫漶的黄河，但这只是整个十月的寒意。眼下的这种轻寒更多来自落在草族们身上的白霜。

从黄河两岸平旷的滩涂与沼泽，到禅坐无言的浑圆丘冈，都满披着走遍四方的草，都是在风中，一直滚动翻飞到天边的草。

十月，草结出饱满的籽实。

十月，草们在阳光照耀下通体显现出耀眼的金黄。

十月早晨的寒霜落在金黄的草梢之上。那么美妙剔透的结晶体，一颗一颗，仿佛这些草族统一结出的另一种奇妙的果实。一个两百年前的喇嘛在修行笔记中用诗行摹写过这些霜花，说它们是某种情境的结晶，是苦涩的思想泛出的盐霜，是比梦境更为短暂、比命运更为凄清的短命宝石。在镇子附近的辖曼湖边喝奶茶的正午，一个年轻的喇嘛这样告诉我，并送我一本那个喇嘛笔记的复本。其时，身后的湖上大群的鸥鸟正聒噪着起飞，扇动着翅膀越过寺院的金顶，越过被秋风染得一片金黄的丘冈，飞往温暖潮湿的南方。那么多蹼拼命划动，那么多翅膀奋力扑击，四溅的水花中鸥鸟们的叫声简直沸反盈天。所有这些都是白天在草原上闲荡时留下的记忆。

现在是早上，我刚刚从军马场简陋的招待所床上醒来。床很硬，我把被子当成褥子，睡在随身的睡袋里。睡袋是一个黑暗而且温暖的世界，一个有很多的自身气味的独特世界。

我的脑袋还缩在睡袋深处，就听到某种细密的声响。我知道，这是太阳升起来了。阳光撞在窗玻璃上发出叮叮的声响。头伸出睡袋一看，果然，一方金色的阳光已经明晃晃地照在了对面的墙上，原本白色的粉墙上出现了许多斑驳的印痕。天花板上糊着十多年前的报纸，报纸都泛了黄，而且开始曲曲折折地龟裂了。墙角蹲着一只锈迹斑斑的烧泥炭的小火炉。洗脸架上的小镜子从中央向四边放射裂纹，无意之间模仿出一种花的图案。然后是四张床，四张床上只睡了我一个人。对面那张床上的被褥卷起来，床板上铺了报纸，报纸上有两本书和一沓稿纸。兴之所至，我会在纸上写点什么东西。这些天来，我对这个房间里的一切都已经非常熟悉，而且非常融入了。不用眼睛，只用脑门里某个地方就能清楚看到所有的一切。所以，这会儿我也不清楚自己是用眼睛还是用脑门里的某个地方看见的。

我还看见了窗户上凝结着漂亮的霜花。于是，那令人振奋的轻快锋利的寒意又悄然袭来。

关于这寒意来临的方式，我突然想到了桑德堡的诗。他写雾来到的方式是猫的方式，但我还是想不出这看不见的寒意随着阳光一起涌入是一种什么样的方式。我喜欢这种新鲜的寒意，便躺在床上大口地呼吸。同时恍惚看到，宽广原野上的草和石头之上，结满了晶莹霜花。牧场木头栅栏上的霜花如盐，牦牛眼睫毛上的霜花如雾。马走过草地时，细碎的霜与深秋的草发出嚓嚓的声响。

从东边雪峰上射过来的阳光很明亮，但要好一阵子才会渐渐温暖，融化寒霜。太阳没有出来之前，寒意是凝滞不动的，是流淌的阳光让寒意相随着流动起来。

每天，草原小镇的节奏差不多都一模一样。

所以我知道，接下来，一些三天来我已经熟悉的声音该出现了。在我的窗户下面，是一大片干枯的牛蒡和牛耳大黄。再过去是一个小小的水淖，水淖旁边就是这个叫作小镇的马路兼街道了。这是一个建在三岔路口的镇子。往西，黄河所来的方向是青海，黄河流去的方向——北方，是甘肃。东边的公路穿过草原，再一头扎下雪山构成的大地阶梯，进入四川盆地。小镇在行政建制上属于四川。小镇是一个三省通衢之地，却没有一点繁华喧器之感。来来往往的卡车总是拖着一条长长的尘尾，从小镇上疾驰而过。结果，那么多尘土降落在镇子上，加上路边一两家生意冷

声 音

清的加气、补胎的修车店，本来可以稍稍美丽一些的小镇便平添了一种凋败的味道。这是草原上许多历史不长的小镇中的一个，好像当初将它们仓促建立起来的目的，就是要让它被世界彻底遗忘，就是要在它身上试验培植一种人工速成的凋败感。

当然，现在我躺在床上，看不到小镇破败蒙尘的房子簇拥在宽广草原中央那有些瑟缩的样子，看不到那些矮蹲在寂寞日子深处的房子，就像一群皮毛脏污瑟瑟发抖的羊。

现在，我看不到这些，我是在一所房子的内部，更重要的是我躺在自己携带的睡袋里。尼龙绸光滑的质感像女人的肌肤，被子里絮满的柔软羽绒，也是一个女人皮肤干燥清爽时的味道。当然，更重要的是其中混合了自己暖和浊重的味道，使我能像在一个最熟悉最习以为常的地方那样平静如水。

我在期待一些声音，期待窗外马路上一些熟悉的声音。

声音响起来了，仍然像我几天前第一次听到那样舒缓得有些拖沓：嗒，嗒，嗒，嗒，一路从镇子的东头响过来。这是一匹老马的蹄声。老马年轻的时候，应该是一种亮闪闪的青灰色，有一种金属般的质感。但我昨天在王二姐小酒馆看见这匹马时，却发现它跟酒醉的主人一样，已经很老很老了。马的主人朝我扬扬手中的啤酒瓶，露出满口参差的黄牙。马拖着缰绳，垂着脑袋在太阳下假寐，漾动在皮毛上那一层流光溢彩的生命活力，已经完全消失了，剩下来的只是一种暗淡而绝望的灰色。现在，这马迈着一成不变的步子，驮着他的主人从窗外的马路上走过。灰马曾经可能是一匹剽悍的战马，而它背上的骑手曾经是一位战斗英雄，战争结束后，因为离不开战马而到军马场当了饲养员。十多年前，骑兵建制从中国日益现代化的军队中撤销，专门培养良种军马的军马场也随之结束了历史使命。于是，这匹灰马的前程与骑手的前程都在那一天终止完结。

年轻却很不振作的镇长说，当这一对老东西哪天早晨不再出现在镇子上，这个镇子被忘却的历史才会真正结束。他说这话的时候有点诅咒的味道，好像这个镇子没能显出勃勃生机，就是因为这一对老东西的错。另外一些人就平和多了。他们都相信，这对代表着小镇昔日辉煌与光荣的老家伙，会选择同一个时间，在人们视野之外某个清洁安详的地方告别这个世界。我坐在小饭馆里，喝着有些发酸的奶茶打发时间时，突然注意到马的双眼很大，像这个季节的水淖一样，反映着晴朗天气里的云影天光。

马从窗外走过去了。

片刻的静默，中间穿插了一辆载重卡车疾驰而过时的轰鸣、尘土与震动。汽车声音往青海方向消失后，从天花板上震落下来的尘埃还在阳光的照耀下盘旋飞舞。

然后，我听见了那双走路时总是擦着地面的旧皮靴的声音。那是一个拖着脚步走路的中年妇女，对这个镇子来说，她是一个不知姓名的过路人，没有人知道她要去到哪里，也没有人知道她要去哪里寻找什么或者什么也不寻找。但到达这个镇子后，她便停留下来了。每天定时出现，沿街乞讨。一天早上，人们惊奇地发现，她身后乖乖地跟着一只羊，但没有人主动问她这只羊的来历。后来，她身后的羊再增加时，人们连惊奇都没有了。我看见她时，她的身后已经有了五只羊。这不，在拖沓的脚步声中，间或传来羊咩咩的叫声，在所有动物的叫声中，只有羊的叫声能把悲戚与无助的感觉发挥到极致。

羊叫的声音：咩——咩咩——

老太太永远沉默无言，只有旧皮靴从土路上拖过时的嚓嚓声穿插在羊只悲哀的叫声之间。

五只羊与老太太走过去之后，窗外又安静下来。

太阳又升高了一些。这时，从窗外映射进来的是两方光芒，落在灰皮剥落的墙上和糊着一层层过期报纸的斑驳龟裂的天花板上。一方光芒金黄，而且渐带暖意，那是透过玻璃直接射进屋子的阳光；一方晃动不止的银色光芒，是窗外那个小淖的镜面上折射进来的阳光，水吸掉了阳光的金色与暖意，把光变成一种不带温度的纯净的银色，在眼前晃动不止。

然后，小学校的钟声响起来了。草原很空旷，镇子上也没有什么高大建筑。声音无所阻滞，没有重叠回荡时的杂乱共鸣，只是很纯净地一波一波荡向远方。我听不到这声音的边界，听不出这些声音消失在什么样的地方。是沼泽地里那些大大小小的草墩之间，还是视线尽头的小山丘上永远深绿的伏地柏中间。那些小山丘上，所有花都已开过，现在，只有结出饱满籽实的草在风中摇晃。钟声一波波有去无回地漫过我，然后，四周又突然变得很静，静到我能听到自己脑海中一如蜂巢深处那种嗡嗡的声响。其实，那是金属钟内部在敲击停顿之后继续振荡，钟声是水淖反映到屋子里那种银子的颜色。

之后才是唯一能使整个镇子显出生机与活力的声音。

很多门开启，关闭。很多杂沓的脚步声啪啪嗒嗒地响过窗前。后面，是母亲们祖母们叮嘱什么的声音。这一瞬间，本身就很明亮的阳光更加明亮到了有些刺眼的程度。这种情景，让人回想到自己并没有太多幸福的童年。心里很深的地方，有些悲伤，有些渐渐升起的温暖。于是，我躺在床上再一次闭上了双眼。视线偏偏越过了四堵墙壁的局限，从很高的地方看到这个早上的草原。太阳渐渐离开东边地平线上逶迤的雪峰，把所有草上、所有石头上都凝结着的霜花照亮。所有霜花都在融化之前，映射出一种短暂而又迷离的光芒。

我继续躺在床上，闭着眼睛一动不动，害怕自己抓不住那短暂迷离光芒中揪心的美感。一切重又安静下来。孩子们坐在课堂上，打开书本，努力要通过文字的缝隙，窥望另外一个世界。而在广阔的草原上，从东向西，深秋的霜花渐渐融化。霜花融化后，草棵上昨天还残存的一点绿色，也化成了这个季节的主调：明亮的金黄、耀眼的金黄。

霜花融化时候的草原是安静的。于是，我听到了自己的心跳，咚咚，咚咚，仿佛来自大地深处的声音。其实这声音不是来自我的身体，而是十里之外的一座庞大寺院。寺院的金顶闪闪发光，很多红衣喇嘛坐在耸立着数十根巨大方柱的庙堂里。庙堂总是阴暗幽深，诵经声被局限在庙堂厚重的四壁间，被压迫在色彩浓重的藻井下，混浊不堪。但是，鼓声，却一下，一下，很沉稳地传到很远的地方。

鼓声响起时，镇子上的人便越来越多，声音也杂乱起来。摩托引擎声，男女调笑声，便携式收录机播放的音乐声，家畜们在镇子上穿行时偶尔的鸣叫声，鱼贩的声音，菜贩的声音，在这些纷乱的生活声音之中，很多的野狗不知从什么地方钻出来，间或尖厉清脆而又无所事事地吠叫几声。这时，草原上的霜已经完全化开了，那轻薄锋利的寒意也已消失。穿过镇子的马路因为人的行走、车的飞驰和家畜们的奔突而变得尘土飞扬。草原深处，那些因为寒意凝滞屏息的水淖又开始在轻风中微微动荡，映射着天上的云影天光。蜿蜒曲折的黄河，波光粼粼，从西而来，在小镇旁边，一个差不多九十度美丽的大转弯，又流向了北方。

我此行是参加一个宗教调查小组，在去传来鼓声的那个寺庙的路上，因为小病在这个镇子滞留下来。三天来，我便通过这些声音熟悉了像草原上所有小镇一样的这个小镇。最后的声音是，一辆吉普嘎吱一声刹在窗外的马路上，然后，几个人影映在窗上。我穿衣起床，同伴们接我来了。

现在离那个草原小镇的早晨有七八年了吧。后来，我又去过很多这样的小镇，也很多次经过那个小镇。奇怪的是，那个小镇永远都是那个样子：永远是仓促地刚刚拼凑完成的样子，也永远是明天就会消失的样子。每次路过那个镇子，那些声音便响起来。同时，我还听到了另外一种声音。年轻的镇长请我到他家去吃过一顿藏式大餐。小镇上的房子总有两面的墙没有窗。外面尽管还是阳光明亮的正午，屋子里便幽暗下来。镇长请我吃饭的时候，他的妻子就坐在那清凉的暗影里。镇长说，刀。一把片肉的刀便从暗影里递出来。镇长说，盐。一个盐罐又从暗影里递出来。

有一个词是不用吩咐的，那就是酒，当面前的杯子快空的时候，那个女人的手便从暗影里伸出来，把我跟她丈夫面前的杯子斟满。所以，我对镇长妻子的认识就是一只手和戴着一只沉重的象牙镯子的手腕。当然，还有一种有些压抑的呼吸声。由此我知道，镇长的妻子害着哮喘。我把这情景写成过一首诗，为了与哮喘声相配，我把背景设置成了冬天。

（选自《宝刀》）

儿时的季节

白　桦

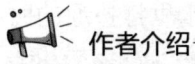

作者介绍

白桦，剧作家、诗人。

著有长篇小说《妈妈呀，妈妈!》《爱，凝固在心里》；诗集《金沙江的怀念》《热芭人的歌》《白桦的诗》《我在爱和被爱时的歌》《白桦十四行抒情诗》；电影文学剧本《山间铃响马帮来》《曙光》《今夜星光灿烂》《苦恋》《孔雀公主》等。

　　昨儿还热得像初夏，今儿就入冬了。我突然想到今年好像缺了点什么，可到底缺了点什么呢？闭上眼睛想想，啊！对了，是蟋蟀。为什么没有听见蟋蟀的歌吟天就冷了呢？再想想，不觉哑然失笑，我怎么会想到蟋蟀呢？真是返老还童！这是儿时的感觉呀！

　　我记得，儿时的季节不是按春夏秋冬的顺序排定的。春天是燕子季，夏天是蝈蝈季，秋天是蟋蟀季，冬天是乌鸦季。我的童年都是在故乡小城里度过的,从家里走出来几分钟就是城门,出了城门就是田野。即使是日本侵略军占领时期,季节也还是分明的。燕子吱吱叫着飞来了,落在门楣上,偏着头揣摸着主人们的态度:今年还会让我们夫妻俩在这儿生儿育女吗?主人们善意的笑容使得它们欣喜若狂,立即千百次地飞来飞去,衔泥筑巢,忙碌不已——这就是我的燕子季。孩子们成群结队地奔向刚刚返青的草地、树林和山溪,追逐蝴蝶,捕捞蝌蚪。当小燕子能够飞出巢,和老燕子一起捕捉小飞虫的时候,田垄的蝈蝈叫了。蝈蝈季宣告开始,孩子们更加放任和自由了。除了在水里打扑通的时间,就是编蝈蝈笼,捉蝈蝈,喂蝈蝈,赛蝈蝈。蝈蝈的热闹伴随着我所有的欢乐与痛苦。当蝈蝈不再振翅欢唱的时候,墙缝里出现了新的、彻夜不倦的歌手,那就是蟋蟀。蟋蟀季更加热闹,它能够让孩子们忽略了桂花的清香,无视枫叶的艳丽。白天,孩子们集中在街角里,竞相展示各自拥有的五虎上将,蟋蟀的战斗打得难舍难分。一天下来,有人欢喜有人愁。残兵败将虽然缺了胳膊断了腿,却因祸得福,有了自由,爬到某一块瓦片下寂寞地舔着自己的伤,连呻吟都没有,所以再也不会被征召入伍了。夜间,我和孩子们不约而同地走进坟地。因为大家都认为坟地里的蟋蟀,十有八九都是猛将。那时我是个最怕鬼的人,但一听见蟋蟀的歌唱,就把鬼给忘掉了。我弯着腰,专心致志在侧耳倾听。从它们的音色和音量去发现赵子龙式的英雄。有时是为了复仇,像燕太子丹一样,苦苦地寻找着"荆轲"。有时是为了保持霸主地位,招募战略后备队。第二天又是一场场血腥的格斗。夜晚越来越寂静了,一出门就冻得打哆嗦。在撒尿都尿不出一条直线来的时候,我——不但是我,所有的孩子对蟋蟀的热情都骤然冷却。田野渐渐空旷了，不知道哪儿来这么多的乌鸦，哇哇叫着在光秃秃的、收割完了的田地里迈着方步。大人们最反感这些黑色的鸟，听不得它们的喊叫。孩子们才不在乎呢！从家里偷点粮食装在衣袋里，在野外喂乌鸦，喂得很吝啬。与其说是喂，不如说是为了引诱它们越来越多地尾随在自己的身后，过过大军统帅的瘾。特别是落雪天，一个孩子率领一支黑色的大军，浩浩荡荡地在洁白的雪原上挺进。请想一想，那黑白分明的画面，多么威武！多么雄壮！又是多么美啊！

孩子们的季节不是按春夏秋冬的顺序排定的……看来今年（应该是许多年）缺少的不只是蟋蟀，还缺少燕子、蝈蝈、乌鸦以及曾经在童心中留下过无穷乐趣的一切……

（选自《白桦文集·第三卷》）

儿时的季节

秋的气魄

〔日〕丰岛与志雄　著　陈德文　译

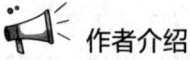

作者介绍

　　丰岛与志雄，日本小说家。

　　著有短篇小说集《苏醒》《电车站》《黑点》《白色的早晨》；中篇小说《置身荒野》；长篇小说《明暗之花》《滑稽角色》《圣女像》等。

　　提起秋，人们马上联想起红叶。然而，我不能不说，红叶和秋的本质其缘甚远。

　　从枫的红到银杏的黄，红叶有着各种各样的色彩。直接来自这些色彩的感触和深沉专注的秋的感触，还有一段不小的距离呢。城市里也许不是这样，只要踏进乡间一步，山裾树林的红叶，田野稔熟的金黄的农作物，红彤彤照射着的日脚……当你一一抽出来单独静观的时候，就会发现，它们毋宁说是属于残暑的，不是真正的秋的领域。试想，如果将我们的居室住宅，涂满上述各种色彩中的一种，我们生活的心境定会变得坐立不安吧。这种不安和秋的无所倚凭的心境，完全是两码事。

能给红叶以秋的气氛的，是红叶中缺少活力的部分。在这里，我不打算用科学的方法说明绿叶为何变成红叶。只想说说红叶缺乏活力的事。想象一下吧，如山野的红叶用它的色彩装扮孕育了这个世界，那么谁也不能说这就是秋的世界。只有那没有活力的红叶，才是属于秋的。缀满秋的山野的红黄色彩，不是少年蓬蓬的金发，而是饱尝生活风霜的初老之人的红毛。

没有生活力的红叶，经一夜冷风，散落而去。只有这落叶才是真正的秋之物。从飘落到庭院的一枚桐叶，到林中飞舞的无数的树叶，或者多半经霜打枯的田野的草叶，都浓浓地涂抹着秋的气韵。踏着沙沙作响的落叶，走过林中小径时，人最深切地感受着秋。

不知从何处流来的微风中，常绿树的病叶和落叶树的红叶，是那样毫无反抗地自然地从树梢飘到了地上。大自然窃窃私语：让地上的回到地上去。而落到地上的枯叶，却依然无法在原地安住，被风随处吹散开去。循着一个方向出了林子，收获后的广袤的田地，裸露着肌肤，一望无垠地扩展着。经霜打枯的草丛，结籽的杂草茎静静地迅速成长。人的心，被自身的寒气和寂寥所驱使，向着遥远的地平线彷徨而去。在地平线的彼岸，有着淡梦般的憧憬的世界。

秋是寂寞的，因为秋真实。秋将所有的外皮，不用的或必需的全部的外皮自行剥光，使万物赤裸裸地伫立着。说秋并不寂寞的人，那一定是愚钝麻木或厚颜无耻之徒，因为他们对脱衣裸体而立时那种奇妙的无所凭依的苦寂丝毫没有感觉。

　　为这个落叶的——剥脱的——世界平添一层特殊情味的是淡薄而敏锐的阳光。渐渐南倾的日脚和北方来的冷冷的微风，使阳光变得又弱又淡，但因有了极度澄净的天空和大气，这日光非常锐利地直照下来，宛如于真空中一般，这毫无遮挡的光线，是如何将光和影鲜明地投射到地面上啊！看到这番情景，人们尤其深深感到了秋。落叶上的树影，田亩上的草影，原野上的鸟影，还有，即使是狭小的城镇里，那长满苔藓的庭院里屋宇的暗影，还有那映在格子门窗上的树枝的清荫，所有这一切都和明丽的日光区分得清清楚楚，人们见了会在心中涌起一丝难以名状的震颤。

　　这震颤正是秋所具有的本来的感觉。静谧、澄净的剥脱的世界里，清晰地显现出明暗的区划，直接迫击着人们的心扉，在那赤裸的心里，也鲜明地投射着光与影。人在不知不识间，进入了凝视自己心灵的专念之中。纯的，不纯的，清澄的，污浊的，所有这一切，都毫不含糊地现出了原形。

　　这赤裸的凝视的眼，从它自身性质来说，不是向着未来，只是回顾着本来的自己——肩负着过去的现在的姿影。自然、人、整个秋的世界，都在默默地专念于守护着自己赤裸的身姿。

　　能够忍受这专注的沉默，并能从中尝到真味的人，只有对他们来说，秋才不是寂寞的，清苦的。这里只有清净的冥想。向着遥远的地平线彷徨而去的灵魂，满怀着原来的憧憬又回归于胸中。这劲健而清新的激情，吹拂了一切杂念，强化了自己的存在感——一种反馈于母胎的存在感。

　　只有基于这种意义，秋才是可赞美的。那令人想起修道院的祈祷的爽净的黎明，那令人回忆着心灵的恋爱的月明之夜，都丝毫不为任何卑俗之情所玷污，原原本本为人的灵魂所受容。

秋，凝视的季节，专念的季节，而且是品味自己存在的季节。一旦接触秋的真正的气魄，错误的生存样式——生活——就会彻底夭折，代之而来的正确的生存样式——生活，便会扎下强健的根柢。我们的生活犹如从春到夏茂盛生长的杂草，一接触秋的气魄，就显露出各种各样的根干，辉耀于光洁的明镜里。只有在秋里凝视自己并深得其乐趣的人才是幸运儿。

到了秋天，走出逼仄的书斋吧，走出闷热的工厂吧，可以到户外的大气中畅游原野和山峦。可以尽情地仰卧于地面，将孤独的自身抛在太空之下，大地之上，永远守望着，咀嚼着。——然而，这时候能够真正赞美秋的又有几人呢？

（选自《日本散文经典》）

杭江之秋

傅东华

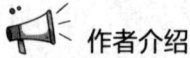
作者介绍

傅东华，现代著名翻译家、学者。

译有《失乐园》《珍妮姑娘》《伊利亚特》；著有《李白与杜甫》《李清照》《字源》《汉学》《现代汉语的演变》，另著有散文集《山胡桃集》。

从前谢灵运游山，"伐木取径，……从者数百人，"以致被人疑为山贼。现在人在火车上看风景，虽不至像康乐会那样煞风景，但在那种主张策杖独步而将自己也装进去做山水人物的诗人们，总觉得这样的事情是有伤风雅的。

不过，我们如果暂时不谈风雅，那么觉得火车上看风景也有一种特别的风味。

风景本是静物，坐在火车上看就变成动的了。步行的风景游览家，无论怎样把自己当作一具摇头摄影器，他的视域能有多阔呢？又无论他怎样健步，无论视察点移得怎样多，他目前的景象总不过有限几套。若在火车上看，那风景就会移步换形，供给你一套连续不断的不同景象，使你在数小时之内就能获得数百里风景的轮廓。"火车风景"（如果允许我铸造一个名词的话）就是活动的影片，就是一部以自然美作题材的小说，它是有情节的，有布局的——有开场，有 Climax 也有大团圆的。

新辟的杭江铁路从去年春天通车到兰溪，我们的自然文坛就又新出版了一部这样的小说。批评家的赞美声早已传到我耳朵里，但我直到秋天才有工夫去读它。然而秋天是多么幸运的一个日子啊！我竟于无意之中得见杭江风景最美的表现。

"火车风景"是有个性的。平浦路上多黄沙，沪杭路上多殡屋。京沪路只北端稍觉雄健，其余部分也和沪杭路一样平凡。总之，这几条路给我们一个共同的印象——就是单调。它们都是差不多一个图案贯彻到底的。你在这段看是这样，换一段看也仍是这样——一律是平畴，平畴之外就是地平线了。偶然也有一两块山替那平畴做背景，但都单调得多么寒伧啊！

秋是老的了，天又下着蒙蒙雨，正是读好书的时节。

从江边开行以后，我就意志凝神的准备着——准备着尽情赏鉴一番，准备着一幅幅的画图连续映照在两边玻璃窗上。

萧山站过去了，临浦站过去了。这样差不多一个多钟头，只偶然瞥见一两点遥远的山影，大部分还是沪杭路上那种紧接地平线的平畴，我便开始有点觉得失望。于是到了尖山站，你瞧，来了——山来了。

山来了，平畴突然被山吞下去了。我们夹进了山的行列，山做我们前面的仪仗了。那是重叠的山，"自然"号里加料特制的

山。你决不会感着单薄，你决不会疑心制造时减料偷工。

有时你伸出手去差不多就可摸着山壁，但是大部分地方山的倾斜都极大。你虽在两面山脚的缝里走，离开山的本峰仍旧还很远，因而使你有相当的角度可以窥见山的全形。但是那一块山肯把它的全形给你看呢？那一块山都和它的同伴们或者并肩，或者交臂，或者搂抱，或者叠股。有的从她伙伴们的肩膊缝里露出半个罩着面幕的容颜，有的从她姊妹们的云鬓边透出一弯轻扫淡妆的眉黛。浓妆的居于前列，随着你行程的弯曲献媚呈妍；淡妆的躲在后边，目送你忍心奔驶而前，有若依依不舍的态度。

这样使我们左顾右盼地应接不暇了二三十分钟，这才又像日月蚀后恢复期间的状态，平畴慢慢地吐出来了。但是地平线终于不能恢复。那逐渐开展的平畴随处都有山影作镶锟；山影的浓淡就和平畴的阔狭成了反比例。有几处的平畴似乎是一望无际的，但仍有饱蘸着水的花青笔在它的边缘上轻轻一抹。

于是过了湄池，便又换了一幕。突然间，我们车上的光线失掉均衡了。突然间，有一道黑影闯入了我们的右侧。急忙抬头看时，原来是一列重叠的山嶂从烟雾弥漫中慢慢地遮上前来。这一列山嶂和前段看见的那些对峙山峦又不同。它们是朦胧的，分不出它们的层叠，看不清它的轮廓，上面和天空浑无界线，下面和平地不辨根基，只如大理石里隐约透露的青纹，究不知起自何方，也难辨迄于何处。

那时我们的左侧本是一片平旷，但不知怎么一转，山嶂忽然移到左侧来，平旷忽然搬到右侧去。如是者交互着搬动了数回，便又左右都有山嶂，只不如从前那么夹紧，而左右各有一段平畴做缓冲了。

这时最奇的景象，就是左右两侧山容明暗之不一。你向左看时，山的轮廓很暧昧，向右看时，却如几何图画一般的分明。你以为这当然是"秋雨隔田塍"的现象所致，但是走过几分钟之后，暧昧和分明的方向忽然互换了，而我们却是明明按直线走的。谁能解释这种神秘呢？

到直埠了。从此神秘剧就告结束，而浓艳的中古浪漫剧开幕了。幕开之后，就见两旁竖着不断的围屏，地上铺着一条广漠的厚毯。围屏是一律浓绿色的，地毯则由黄、红、绿三种彩色构成。黄的是未割的缓稻，红的是荞麦，绿的是菜蔬。可是谁管它什么是什么呢？我们目不暇接了。这三种彩色构成了平面几何的一切图形，织成了波斯毯、荷兰毯、纬成绸、云霞缎……上一切人类所能想象的花样。且因我们自己如飞的奔驰，那三种基本色素就起了三色板的作用，在向后飞驰的过程中化成一切可能的彩色。浓艳极了，富丽极了！我们领略着文艺复兴期的荷兰的画图，我们身入了《天方夜谭》里的苏丹的宫殿。

这样使我们的口胃腻得化不开了一回，于是突然又变了。那是在过了诸暨牌头站之后。以前，山势虽然重叠，虽然复杂，但只能见其深，见其远，而未尝见其奇，见其险。以前，山容无论暧昧，无论分明，总都载着厚厚一层肉，至此山才挺出峋嶙的瘦骨来。山势也渐兀突了，不像以前那样停匀了。有的额头上怒挺出铁色的巉岩，有的半腰里横撑出骇人的刀戟。我们从它旁边擦过去，头顶的悬崖威胁着要压碎我们。就是离开稍远的山岩，也像铁罗汉般踞坐着对我们怒视。如此，我们方离了肉感的奢华，便进入幽人的绝域。

但是调剂又来了。热一阵，冷一阵，闹一阵，静一阵，终于又到不热亦不冷，不闹亦不静的郑家坞了。山还是那么兀突，但是山头偶有几株苍翠欲滴的古松，将山骨完全遮没，狰狞之势也因而减杀。于是我们于刚劲肃杀中复得领略柔和的秀气。那样的秀，那样的翠，我生平只在宋人的古画里看见过。从前见古人画中用石绿，往往疑心自然界没有这种颜色，这番看见郑家坞的松，才相信古人着色并非杜撰。

而且水也出来了。一路来我们也曾见过许多水，但都不是构成风景的因素。过了郑家坞之后，才见有曲折澄莹的山涧山溪，随山势的迂回共同构成了旋律。杭江路的风景到郑家坞而后山水备。

于是我们转了一个弯，就要和杭江秋景最精彩的部分对面了——就要达到我们的 Climax 了。

苏溪——就是这个名字也像具有几分的魅惑，但已不属出产西施的诸暨境了。我们那个弯一转过来，眼前便见烧野火般的一阵红，——满山满坞的红，满坑满谷的红。这不是枫叶的红，乃是柏子叶的红。柏子叶的隙中又有荞麦的连篇红秆弥补着，于是一切都被一袭红锦制成的无缝天衣罩着了。

但若这幅红锦是四方形的，长方形的，菱形的，等边三角形的，不等边三角形的，圆形的，椭圆形的，或任何其他几何图形的，那就不算奇，也就不能这般有趣。因为既有定形，就有尽处，有尽处就单调了。即使你的活动的视角可使那幅红锦忽而方，忽而圆，忽而三角，忽而菱形，那也总不过那么几套，变尽也就尽了。不，这地方的奇不在这样的变，而在你觉得它变，却又不知它怎样变。这叫我怎么形容呢？总之，你站在这个地方，你是要对几何家的本身也发生怀疑的。你如果尝试说：在某一瞬间，我前面有一条路。左手有一座山，右手有一条水。不，不对；决没有这样整齐。事实上，你前面是没有路的，最多也不过几码的路，就又被山挡住，然而你的火车仍可开过去，路自然出来了。你说山在左手，也许它实在在你的背后；你说水在右手，也许它实在在你的面前。因为一切几何学的图形都被打破了。你这一瞬间是在这样畸形的一个圈子里，过了一瞬间就换了一个圈子，仍旧是畸形的，却已完全不同了。这样，你的火车不知直线呢或是曲线地走了数十分钟，你的意识里面始终不会抓住那些山、水、溪滩的部位，就只觉红，红，红，无间断的红，不成形的红，使得你离迷惝恍，连自己立脚的地点也要发生疑惑。

寻常，风景是由山水两种要素构成的，平畴不是风景的因素。所以山水画者大都由水畔起山，山脚带水，断没有把一片平畴画入山水之间的。在这一带，有山，有水，有溪滩，却也有平畴，但都布置得那么错落，支配得那么调和并不因有平畴而破坏了山水自然的结构，这就又是这最精彩部分的风景的一个特色。

此后将近义乌县城一带，自然的美就不得不让步给人类更平凡的需要了，山水退为田畴了，红叶也渐稀疏了。再下去就可以"自桧无讥"。不过，我们这部小说现在尚未完成，其余三分之一的回目不知究竟怎样，将来的大团圆只好听下回分解了。

真所谓"文章本天成，妙手自得之"。自古造铁路的计划何曾有把风景作参考的呢？然而杭江路居然成了风景的杰作！

不过以上所记只是我个人一时得的印象。如果不是细雨蒙蒙红叶遍山的时节，当然你所得的印象不会相同。你将来如果"查与事实不符"，千万莫怪我有心夸饰！

（选自《天地有大美》）

杭江之秋

父母留给我的遗产

新凤霞

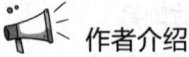 **作者介绍**

新凤霞，评剧新派创始人、作家、画家。

著有《新凤霞回忆录》《以苦为乐》《我当小演员的时候》《少年时》《新凤霞说戏》等。

我从小受不识字的父亲教育，见着长辈叫人，出门告诉家人，回来也要打招呼：爸、妈我回来了。鼻子下边长着嘴，要用嘴联系感情，关心别人，换来别人的理解。

我总也忘不了父母教我的那些：

挖鼻孔，剔牙，打哈欠，这些动作都不能面对人做，应该用手掩住，用另一只手来做，这样形象好。

光着背不能上街见人，不能趿拉着鞋出门。上床睡觉，鞋要整整齐齐地摆在床下靠一边，下床时好穿鞋，不能脚甩鞋，弄得东一只西一只的。

在哪里拿的东西要送回原处。要做个可靠的人，事事要有交代。无论干什么行业都不能有贪心。

争名利是最俗气的，越是争越得不到，不争，应当给你的，就会自然得到。

如今回过头看看自己在坎坎坷坷的人生道路上的脚印，之所以还是那么回事，从未失去过信心，正是因为父母的教诲：注意小节，永远自信。

几十年来，我作为一个女人，在人生道路上可谓步步艰辛，非常不易。归纳起来，便是过"五关"，祛"六气"。

一是经济关：为了生存，我6岁学戏，一天学也没上过。父亲卖糖葫芦，有吐血病，母亲是家庭妇女，弟妹6个。在这9口之家，我必须挣钱养家，替父亲挑重担。不认字的父亲教我：君子取财有道。从这时起我就知道：本本分分地唱戏挣钱，台上做戏，台下做人。

二是生活关：立业成家，嫁一个能帮助我在舞台艺术上、文化知识上不断提高的正直厚道的人。

三是政治关：无论遇到什么样的情况也要立场坚定，对前途充满信心。

四是成就关：我虽不能算老艺人，但在舞台上也曾轰轰烈烈唱过红戏，受到广大观众的鼓励，却不敢有半点傲气。

五是失败关：无论是台上台下，我的生活道路上波折较多。我从小受苦，长大后也遇到不少灾难。1966年8月26日我被打伤左腿膝盖骨，导致终身残废，但我依然保持了乐观、宽容、奋进的心态。我拿起老公公和齐白石义父交给我的画笔，开始画画，想画出舞台上的五光十色。

闯过"五关"，还要祛尽"六气"。

不娇气：我从小干活、工作和演出从不惜力。"大跃进"时一天演三四场，最多的一天演七场，我从未叫过一声累。

不傲气：永远做学生，时时刻刻向人求教，总觉得自己不够，知识太少，文化太低。我记住"艺海无涯，学无止境"这句话。

不俗气：社会生活中有不良习气，比阔气呀，讲排场啊。我没有挣过大钱，至今我还很安心地过着清贫的日子，我觉得很幸福。

不泄气：有时在电视上看到和我同辈的老伙伴们还在演出，自己就很难过，三十多岁就被打伤致残，不能演戏了，确实很难过。每当这时，我丈夫就鼓励我。感谢那些报纸杂志的编辑、记者们的帮助，使我那不成文的文章能和读者们见面，找到了自己的位置，也充实了生活。

不妒气：舞台上和生活中，我从不嫉妒人。我认为嫉妒别人就是对自己失去自信。

不怨气：坎坷路上我遭受了数不尽的委屈和冤枉，我从不怨恨，我觉得现在一些人所缺的就是善解人意，宽厚待人。

我的座右铭是这样 6 个字：不贪（不贪名追利）；不懒；不攀。

（选自 1997 年 10 月 17 日《长江日报》）

育婴日记（节选）

鲁　彦

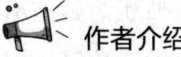 作者介绍

鲁彦，现代小说家、翻译家、乡土文学代表作家。

著有短篇小说集《柚子》《黄金》《童年的悲哀》《小小的心》
《屋顶下》《雀鼠集》《河边》《伤兵旅馆》和《我们的喇叭》等。

十月三十一日

孩子出世了。是在昨天下午六时。

前天没有到上海去，夜里十二时，完了一篇小说，许久睡
不熟，想念着兰，有没有进了医院，这时正在痛苦着，还是已经
平安地生下了孩子。昨天早上八时正预备去看兰，汪君的电话来
了，要我快点去。学校里接电话的人没有告诉我别的话。生下了
吗？才进医院吗？不能知道。

等车子，换车子，在路上有一个钟头。我只希望兰这时已经过了最痛苦的时间。

但是走进医院大门，却看见兰坐在二楼的走廊里晒太阳。还没有生下。她是七时后，从汪君家里来的。那时已发见了红，以为立刻要生了，汪君的夫人便匆匆忙忙地陪她到了医院。看护妇看了一下，说是吃过早饭会生。阵痛每隔五分钟一次。十时叫她进临产室，躺在那里，又见一点红，但仍许久没有生下的消息。兰很疲乏，想早点生下偏不生，想睡又睡不熟。看护妇说中饭前生，吃中饭的时候也到了。我很饿，便邀瑜一道去吃饭。她差不多和我同时到医院。也在那里守候着。吃了中饭，医生来了，她检查了一下，摇摇头，说早则下午，迟则夜里，还是躺到房间里去舒服些。兰依了她的话。据许多人说，产前常常疼痛的，生得很快，连医生也这样说。兰在这一个月里几乎是天天有点疼痛的，大家以为一定非常的快了，所以早几天就要她到上海，寄寓在汪君的家里，怕临时从江湾去来不及。谁晓得现在却这样迟缓了。

昨天是一个很好的日子。天气晴朗，而且暖和，而且是一个吉日，医院对面不时放着鞭爆仗，敲着锣和鼓，有人家在做喜事。仿佛是为的我们的孩子出世一样。鼓爆声音大作的时候，我总特别注意，怕孩子因此会惊了出来。在湖南乡下，我曾经亲眼看见过，乡下人放鞭炮，去催促孩子的早生。他们一点不让产妇知道，突然间就在产妇下燃放起来。他们就是想把孩子惊了出来。这实在太野蛮了。我虽然希望兰早点生，可以早点解除痛苦，但我怕她受对面鼓爆的惊恐，宁愿她慢慢地生。在普陀，我们看见过一种有名的石子，和黄豆一样大，浸在醋碟里，会自己走动，叫作催生石，说是产妇吃下去，会很快的临盆，我们乡里人都知道，但却没有听见人家吃过。无论是动物或矿石。这样硬的东西，给产妇吃，也是最危险的野蛮行为。我相信父亲的话："瓜熟自落。"他曾对我说过，临盆的时候，产妇要静静地躺着，不要用力，孩子自己会用力的。兰生恩哥的时候，不知道这个，我以为在医院生产，医院里自会关照她一切的，也没有对她说，哪晓得接生的是一个看护妇，她的知识正和乡下的接生婆一样，夜间十二时进医院，就让她躺在临产室，一直用力到天亮，待恩哥真要生出来的时候，她已疲乏得快要昏晕入睡了。她产后身体突然坏了许多，我们相信就在那时吃了大亏。这次兰是紧紧地记得的，我也叮嘱了又叮嘱。所以疼痛得虽然厉害，兰仍痛心地等待着孩子的自然出世。

三时半，阵痛愈加厉害了。看护妇以为时候已到，又叫兰躺到临产室去。我坐在门外的走廊里，时时询问着从里面出来的人，有时推开门去问消息，都回答说快了快了，但仍没有生下来。

临产室里的看护渐渐多了起来。有两个接生的助手医士戴着红帽子。一个嘴上蒙着布，手上套着皮手套。室内很暖热，像开着热气管。

四时五时都过了，看护妇们似乎也心急起来。我听见她们在里面说话的声音，看见她们轮流地走了出来又走了进去。

五时半，室内忽然发出一种声音，仿佛是谁在搓捻两指"的"的一声，但又比两指发出来的洪亮。门开着，在门外听起来还觉得人的手指发不出这样大的声音。

这时医生从外面回来了。她很快地就到临产室里去。

"腿子怎么高得这样呀！"我听见她在里面埋怨着看护妇们似的说："低一点！低一点！"

　　我放心了许多。她是这里的院长，也是这里唯一的医生。有她在这里，当然不会有意外的了。

　　我看见过许多医院，接生的事情都是交给看护妇去办的，这里的所谓助产士，仿佛就是老看护一类的人。很久以前，我以为在医院里生小孩，一定是医生亲自接生的，现在却明白了，十分之九的医院几乎都是看护妇做的。倘要医生自己动手，须住头二等房间，出许多接生费。

　　兰住的是三等房间，现在院长肯进临产室去，即使是站在旁边，我也很满意了。

　　我听见她在里面说要打针。我又听见兰在大声地哼了。一直到现在，兰从没大声地哼过。我知道孩子快出来了。

　　"一点点，用一点点气力，不要太大，不要太用力！"院长在重复地说着，"长一点，久一点就好！"

　　惨痛地叫了两三声。

　　"好了！好！"

　　我听见孩子的叫声了，急而且高。我的心平静了下来。

　　院长首先走了出来，脱下了白衣。她看见我，就立刻安慰我说："很好！很好！"

　　"男的还是女的？"我问她，我想知道这个。

　　"女的，已经有了男的吧？女的也很好呢。"

　　我很喜欢，因为兰是喜欢女的。

　　我走到楼下去看时钟，正是六时。阴历是废掉了，但我仍给她查了出来，是九月十二。只晓得今年肖鸡属酉，但不晓得是什么酉。

　　我出去吃了晚饭。回来时，兰已睡在房间里，很疲乏。

"孩子很漂亮，大眼睛，高鼻子，洗了澡就转动着眼珠东西看望了。"兰很喜欢地告诉我。

我到孩子的房间里去看，她的鼻子的确很高，连鼻梁也高。耳垂很大很厚。面孔是长形的。头发很黑。她侧面躺在摇篮里，微睁着一只眼睛看我，仿佛微笑了一下，又立刻哭了。我连忙把她盖好，走了出来。看护妇告诉我，她的重量差不多七磅。

昨晚就近寄寓在汪君的家里，今晨八时又到医院里去看兰。兰的颜色还好，肚子有点痛，说是昨晚生下孩子后，打了子宫收缩针，肚子痛大约就是子宫在收缩。

我请看护妇把孩子抱了来。孩子已经晓得听音了。我嘴里发出"的的"的声音，她的眼珠就移向我这边望着我。兰喊她，她的眼珠就移到那边去了。但是她的眼睛到底怎样大，还不晓得，因为她总是微睁着，没有完全开开来。她的手和脚都包着，也没有看见。她像谁，还不能看出来。看她的鼻子像兰的，嘴像我的。我很希望她全像兰，因为兰是美的。

十一月二日

今天下午带着恩哥到医院。恩哥是多么喜欢他的小妹妹！他伸着手指轻轻摸着她的眼睛，两颊，鼻子，嘴巴，耳朵，眉毛，头发，额。他摸了又摸，看了又看，一面不停地叫着"小小的！小小的！"他向来就喜欢小的，无论吃的玩的东西。

昨天下午起，兰有了乳了。半个月前，兰的这两只奶子是恩哥每晚不离手的，现在给他的小妹妹含在嘴里了。恩哥看着，一点没有什么。我们问他要不要奶子，他摇摇头，说这是小妹妹的。他把他最喜欢的自动让给了他所爱的小妹妹。

孩子睡得很好。在睡乡里，露出一点轻微的笑在口角边。

她的前额很丰满，别的孩子头上常有的那天窗，她这里一点也看不出来，仿佛完全关闭着似的。她的面孔愈加圆了，生着丰满的肉。

兰的肚子不痛了。在孩子吮乳的时候，她能觉察出子宫的收缩。前天那个接生的助产士在昨天下午来给她检查过，告诉她说，子宫收缩得不好，使她很担心，但是以后医生再来检查的报告，却是相反的。医院常有些不懂病人心理的人，自己没本事大惊小怪地告诉病人，使病人在痛苦的忍受之外，再加上一层心理的恐怖。汪君的夫人就是这样的患了一次神经病。

兰的感冒已经好了一些。她不再吃药了。她说不叫她们停止，医院里会每天给她吃下去，到最后开出一大批费用来。她的话也有点道理，公家医院是常常有病不给药，而私家医院是无病也给药的。

十一月四日

今天，我第二次听见了孩子的哭声。她有一个什么样的性情，很可以从这里看出来。

十二点以前，看护妇把她抱来喂乳了。然而进了房子，她还是睡得很熟。因为每隔三小时吃乳的时间已到，看护妇便把她弄醒来，叫她吃乳了。但她躺在兰的身边，只吮了几口，却又睡熟了。兰几次勉强地弄醒她，她醒来又睡熟了，甚至没有睁开眼睛来。几分钟后，兰吃饭了，便把她放在一边，兰吃了一会，孩子自己醒了过来，哭了。那声音是和缓的，不像恩哥的急，她哭了一会，自己停了哭。开着眼睛望着，过了一会又哭了起来，随后又停止了。她不像恩哥似的会一直哭得透不过气，还不肯自动停止。她的性情显然是平静而且温和的。

兰在这孩子没有出世的时候，最希望生下来的是女孩。她的理由就是女孩子的性情温和得多。我那时是希望她生下来的，仍是一个男孩，理由是男孩子的性情痛快。我想，倘若没有重男轻女的传统观念，没有性的缺陷的人是喜欢同性的，因为他们性情相近，生活相似的缘故。

孩子的眼睛已经知道跟着看。我今天静静地看着她，她便望着我。我往右边慢慢地偏去，她的眼珠跟着到了右边，我往左，她的眼珠也跟着偏向左边。

（选自《一缄书札一扇窗：
二十世纪中国文化名人日记书信经典》）

对奏的夜曲

张承志

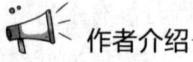作者介绍

　　张承志，当代著名作家、学者，专注于研究和写作蒙古历史和北方民族史。

　　代表作有《北方的河》《黑骏马》和《心灵史》等。

你睡熟了。我又忆起人们对我的惊奇。

然而真正吃惊的是我。

为什么他们认定我会烦你、被你弄得混乱发疯、被你折磨得渐渐终止创造呢？我从中觉察出某种区别的滋味。你知道我心中悄然升起了一种对他们的感慨和冷淡。

同是人类，但人对于生命的理解太不一样了。而你的父亲是崇拜生命的：不用多说别的，仅仅因为一个生命真的千真万确是自己亲自创造的，这一点就比一切伟大的音乐、伟大的色彩更令人激动。我清晰地记着你降生后第八天，你刚出产院的第二夜我

抱着你去看病。你轻如鸿毛，我捧着你时有生以来初次感受到自己的生命是绝对次要的。这是一种分界的、再生般的感受。你知道那以前和如今我最喜爱一个荷戟战士的形象，但在那一夜我才真正具有切肤的战士的感觉。正因为你在我手里如同一片羽毛，我才觉得自己力可拔山万夫不敌。我捧着你透明玻璃般的八天生命走在夜的寒风里，我的宽肩和厚背遮住了北方的那个初冬。你也许注意到我曾冷酷地锐利地盯着那屠夫般的小儿科医生；你因感到了父亲的满身杀气而号啕不止。而我只告诉你——如果他使我们朝"忍"的悬崖再退一步，你的父亲对再可怕的后果也在所不惜。这不是溺爱和自私的疯狂。我们已经容忍了太多的非情辱人，你对于你的父亲已经是人性的最后一道防线。

在混淆于别人的岁月中，你像魔术师一样，在我们的眼前变大了。

新疆诗人周涛和日本学者梅村先后来北京时，都不顾我不在家，坚持来看了看你。父亲的一切朋友都对你怀着一种深刻的好奇。你觉出了他们微笑的目光有些特殊。我原谅你那种时候的古怪和任性。但是真正感到新鲜的是我，真的，为什么呢，难道你从三岁就显示了什么魅力么？我满怀兴趣地对你仔细观察过。不，你仍然是一个普通平凡而爱笑的、长着两只黑黑眼睛的小姑娘。你快活地奔来跑去，嚼着字母饼干，把数不清的连环画扔得到处都是。

我后来懂了。

是因为你改造了我，我的女儿。也许朋友们都发现我的神情、口吻、语音出现了变化。他们认为我变得柔和了也严峻了，他们发现我干得再坚决但满藏着一种说不透的宽容随和。他们企图弄清我如此信赖的新哲学是什么，因为他们一直正在苦苦寻找。

也许真是如此。在这妈妈出远门的夜里，我凝视着你胖乎乎的可爱睡态，也陷在漫漫的沉思中。她远在地球彼侧的斯图加特学习，她要离开我们整整一年。你调皮地笑了：你梦见我的思索了吗？她只会牵肠挂肚。她不能想象，女儿在真正和父亲相依为命的日子里，一个男人会获得怎样神圣的启示和源源的勇力。

哪怕直面最艰辛的斗争，生命的活泼也能支持战士——这是多么简单朴素的事，这是多么撼人心灵的事啊。晓桦叔叔在滔滔谈着他生活中的烦恼的时候，你听见我说：你应当有个孩子。没有孩子的人生是残缺的。——你奇怪地眨着大眼睛望了我一眼，突然抓起你的米老鼠跑开了。而我却有些惶惑，我觉得我没有说清楚你对于我的意义。难道仅仅是这些吗，难道我得到的，只是一种完满吗？

不。深夜我轻轻穿上衣服。你睡熟时没有一丝声响。当我悄悄走向书桌前，我停住品味了一下这黑暗。我有一点留恋，我觉得这藏着你的黑暗像一道温暖的战壕。我走出了掩蔽，走向书桌时我真切地感到了空旷和严峻。我坐下来开亮台灯，我和刹那间泻下的雪亮对峙了一瞬。不，我毕竟是更强了，我想。我刷刷地写了起来，我看见字迹又在我的笔下流成了一条河。现在它不像北方那些太年轻的河流了，我写着，笔笔感到它的一种成熟、坚定和孤胆的雄壮。

你在不远的黑暗中无声地酣睡着。

你在时间这恒静的流逝中长成着你的生命。

我在宁寂中触碰到你对我神奇的佑护。

我放下笔。我沉默地感动了。

我和你有一个认真的理想——我不止一次地和你谈过，等你再稍稍长大一点，等你变成一个有寒暑假的小学生而不是个幼儿园大班的小姑娘，我要带着你出去看看你的世界。

在内蒙古大草原上，有个叫乌珠穆沁的地方支着一座毡包。那毡包门前年年五月都为你拴上几头小山羊。那是我在二十年前插队的地方。你在出生之前莲花嫂子（你是喊她姑姑呢还是阿姨？）说过这样一句话："来这儿生吧！我养成个人再还给你！"她的话当时那样震动了你父亲的心，中篇小说《黑骏马》就因此而诞生了。我知道他们等你等得心焦，那些为你拴起的马驹、牛犊和羊羔都已经长得太大了。

在大西北的黄土高原，有个叫沙沟的村庄。你有一个和你父亲生死与共的马志文叔叔，他会派出六个孩子山上沟里地保护着你。你的照片贴在他家的土墙上，你的精神应当在那穷乡僻壤降临。当我把你领到那山村以后，你会懂得你父亲取来血脉的回族农民怎样吃土豆，打浆水，扶犁吆牛，少年怎样在黄昏的暮色中背回巨大的柴捆。我要在那盘牛粪和树叶烧热的土炕上告诉你这个村庄的历史，告诉你在危难时怎样径直来到这间泥屋躲避。

等你长大些，长成一个十岁的少年而不是这种五岁的幼儿园小孩，我还要领你远走新疆。你熟识的艾力肯叔叔、迪木拉叔叔会把你拉到他们哈萨克和维吾尔的家里。你看见他们的阿姨时你会懂得什么叫美丽的姑娘。你整天都听见音乐像风在你耳边吹拂，你会看见天山——那世界上最美的蓝松白雪山脉。

长大吧，别担心你不会说蒙语和哈语，别怕那里太远你不熟

对奏的夜曲

悉。你可以对你的父亲坚信不疑。我们这个小小的计划和理想，已经一步步朝你走近了，你知道我们一定会使理想实现。

你睡着。这一切是多么庄严。你宁静的小生命在父亲身边唤出了罕有的圣洁。甜甜地睡吧，饱饱地吃吧，纵情地玩吧，健康地活吧，我的女儿。等到你也能像父亲一样，在一盏深夜的灯下思索往事时，你一定会感动：

生命，是多么饱含意义啊。

（选自《张承志散文》）

尊　重

肖复兴

作者介绍

肖复兴，当代著名作家。

著有长篇小说《我们曾经相爱》《早恋》《青春梦幻曲》；中短篇小说集《四月的归来》《北大荒奇遇》；报告文学集《国际大师和他的妻子》《多梦时节——肖复兴报告文学集》等。

读中学的时候，我和一位女同学很要好。她家住在我家的斜对门，常常星期六的晚上到我家来玩。那时，我们都喜欢看书，书便成了药引子，一起谈书，由书再扯到别的，天马行空，一聊就是半夜。正是青春萌动的时期，男女同学坐在一起，伴着青春刚刚苏醒的脉搏，读书和聊天，都染上异样的色彩。时间，便不知不觉过得飞快，仿佛一眨眼的工夫，时钟的针便走到一起并在最高处了。

我们的友情，自然还有一些朦朦胧胧似是而非的恋情。从初三一直维持到高三毕业。几乎每一个星期六的晚上，无论风霜雨雪，都是在我家这样度过的。

那时，我家住着里外两间小房。爸爸妈妈睡在里间，我和弟弟睡在外间。爸爸妈妈从未因为我们一聊聊到半夜，而出来干涉、责骂或旁敲侧击过我们一次。有时，他们实在困了，或第二天还要加班，便早早躺下了，悄悄熄灭了里屋的灯，绝不影响我们交谈。

那些个青春气息和夜晚的青草悄悄滋生的星期六夜晚，我们常常因交谈的投入、忘情、兴奋，而忽略了爸爸妈妈乃至整个世界的存在。但他们就在我们的身边，默默地为我们祝福。他们相信自己的孩子，无声胜似有声的爱，弥漫在那些个星期六夜晚的夜色之中。

我懂得，这就是尊重。

我弟弟长大了，不喜欢学习，偏偏喜欢足球。

每到期末考试后，弟弟总要拿回一门或两门不及格的考卷。老师总要找家长去学校，严厉地批评弟弟，希望家长抓紧。每逢这时，我都替弟弟羞愧难当。我便要在假期里，替弟弟出许多张试卷，帮助他捡回失落的功课。因为我在学校是连年优良奖章的获得者，有一两门功课不及格，简直不可思议。

起初，爸爸妈妈很支持我。但从初一到初三，效果并不佳，弟弟依旧不及格着勉强升了级，对我的补课只是应付，心思还在足球上。

爸爸妈妈先对我说："你也别费这心了！既然想踢球，就让他踢去得了！"

然后，他们又对弟弟说："行行出状元！凭一张嘴，侯宝林的相声、陆春龄的笛子，都成了绝活。踢球也一样，只要你下决心踢出个名堂来！"

为此，弟弟很得意。为此，我和爸爸妈妈争论过。为此，弟弟多费了几双回力牌球鞋，多花了不少爸爸妈妈的辛苦钱——他们给弟弟买了不少营养品。

弟弟踢进了北京市少体校的足球队，那一支少年足球队即将升级为北京青年二队时，"文化大革命"爆发了。爸爸和妈妈没有埋怨过弟弟。弟弟的童年和少年的足球梦，因爸爸妈妈的那一份情爱而五彩缤纷，永不凋落。

弟弟懂得，这就是尊重。

儿子今年即将十六岁了。他长得比我十六岁时还高，嘴唇上长满和我那时一样如春天新生的茵茵草坪般的绒毛了。

竟这样飞快，我长到当年爸爸和妈妈一样的年龄了。生命在儿子的身上延续，岁月却在我身上苍老。

一天，狂风大作，我从外面回家，有些感冒，看见儿子居然只穿着一件背心，便一边冲着感冒冲剂一边对他说："快穿上点儿衣服，留神感冒！"他应声着，却不见穿衣服。我便接着冲他喊："听见没有？快穿上衣服！"他还是应着声，照样看他的书，依然不见动静。我有些生气，说他："你是怎么回事，说你这么半天了，还不穿衣服？等感冒可就晚了！"他回头顶了我一句："谁像你这么爱感冒？"

还顶嘴？我一听，更来火了，扔过衣服给他，非让他当着我的面把衣服穿上不可，并指着窗外怒吼的大风对他吼道："你看看是什么天气！"儿子万般无奈，只得套上了衣服。

事后，他对我说："爸，我希望你别认为你要感冒了便认定我也非得要感冒，你想干的事，我必须也一定想干。"他又说："你得尊重点儿我的意见！"

儿子喜欢罗大佑的歌。罗大佑以前出的几盘磁带，他都买了。前不久，他看见罗大佑新出的《恋曲2000》，便毫不犹豫地买了。

把磁带放进录音机听了一遍，他对我说："除了个别曲子还好，整体水平不如他的上一盘磁带《恋曲90》。我不喜欢！"

我问他："既然买的时候还不知道喜欢不喜欢，干吗非得那么着急买？"

他望了我一眼，说："罗大佑从上一盘磁带到这一盘磁带，用了整整六年的时间准备，不是所有人都这样认真的。我买它，是对他的尊重！"

（选自1996年《少年文艺》第2期）

十八朵花儿

菡 子

 作者介绍 ....

菡子，著名女作家。

代表作有《黄山小记》《香溪》《重逢日记》《从上甘岭来》《前线的颂歌》等。

....

妹妹睡在带轱辘的摇篮里。小桂哥哥偷偷地把她推到屋子外面。太阳照到妹妹的脸上，她睁开眼，用握着拳头的小手揉揉眼睛，对着哥哥笑了。

笑得真美！眼睛眯眯的，黑眼瞳儿闪着一丝亮光，鼻子皱成一球，小脚一跷，小嘴牵牵拉拉的，就差一点会叫哥哥了。

妹妹是个爱笑的妹妹。小桂给她拍巴掌，她笑；小桂双手蒙着眼，猛一张手，叫一声"哗！"她也笑；小桂手指撑着眼皮，张开嘴大声叫着："啊呜！"妹妹还是笑；小桂推着车子跑，小轱辘咿咿呀呀的叫，妹妹也咿咿呀呀的笑。

一朵花儿，两朵花儿。妹妹每笑一回，小桂就算她一朵花儿。笑着，笑着，一朵花儿一朵花儿的往上加。一会儿妹妹笑倦了，尽管小桂推得她满头大汗，她拐着脑袋，呼呼噜噜地睡着，只是不理。小桂停下来，踮起脚亲着妹妹的小脸，左边亲一个，右边也亲一个，又帮妹妹撑开眼皮，轻轻地叫她："妹妹，小妹妹！"

妹妹还是不醒，多么想妹妹再笑一个。

怎么办呢？小桂想起来：平时妹妹睡着不醒，只要妈妈一抱过去，敞开怀来喂她吃奶，她就醒了，还给妈妈一个微笑。得去把妈妈找来，可是妈妈上街去了。有了，不是有橡皮的奶头子么，往妹妹嘴里一塞，准能逗她笑的。

好容易在屋里找到了奶头子。小桂想把妹妹抱起来，先扶她坐着，抱起来可不行，妹妹不比洋娃娃，怪沉的。只好把她再放下去。小桂学着妈妈的样子亲亲妹妹的脑门，拨开她的嘴把奶头子塞进去，还学着妈妈嘟嘟噜噜地说："给你，给你。"

果然妹妹睁开眼笑了。"十七朵花儿，"小桂继续数着。只微微一笑，花开得不大，可小桂仔细一看，这朵花儿才好看呢，粉红色的，长睫毛闪了一下，像躲在门后开的一朵聪明的小花，看见顽皮的小孩过来，马上就闭上了。

"开呀，开呀！"小桂摸着妹妹的腮帮跟妹妹斗着眼说，可是，不开。

太阳也在乌云里躲了起来，妹妹睡着。小桂觉得冷清清的，风也来了，叶子也飞起来了，小桂心沉得很，院里又没有别人，很害怕。忽然听见脚步声，小桂猛一惊，是爸爸？刚才还叫小桂来着。

爸爸过来拎起小桂的耳朵，一面说：

"你没长耳朵还是怎么的？"

不讲理的爸爸，明明拎着小桂的耳朵还说小桂没长耳朵呢。

"尽玩儿，大人叫也不搭理。还不给我快买包香烟去！"爸爸很有理由的教训小桂。

就不搭理这个大人，小桂还是望着妹妹，再笑一个就去买香烟吧，不笑就不去。忽然又想爸爸爱揍人的，揍了小妹妹怎好呢？他就伏在妹妹摇篮上，想护着她。

爸爸拉起小桂，拍拍两个耳刮子，他虎着眼命令小桂：还不去买！

真别扭！这是什么爸爸？揍人不痛么？小桂拉开嘴，差一点要哭，就在这个时候，妹妹笑了，想必是梦里的笑，甜甜的，可也像一朵聪明的小花儿。

"十八朵花儿。"小桂忘了爸爸刚揍过他，只顾高兴的连着上面的数，他俯下身去亲妹妹，两颗眼泪掉在妹妹的脸上，像花瓣上躺着两颗露珠。

"什么十八朵花儿？"爸爸奇怪起来。

"你不懂。"小桂轻声地但是肯定地说，抬起头来，第一次胜利地望着爸爸。

（选自 1956 年 10 月 27 日《文汇报》）

桥

张中行

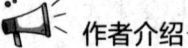
作者介绍

张中行，著名学者、哲学家，散文家。

著有《负暄续话》《负暄三话》《禅外说禅》《文言和白话》《作文杂谈》《顺生论》《文言常识》等。

桥来于水之阻而人不愿受阻。不愿，有偏于物的，如两个小村庄，距离不远，人难免有来往，物需要通有无，可是中间有一条小河，河上就最好有个桥。不愿还有偏于心的，《诗经·秦风·蒹葭》"蒹葭苍苍，白露为霜，所谓伊人，在水一方"，说的就是这种情况，在水的那一边，可望而不可即，如果有桥，不就好了吗？可是架桥，在古代大概不很容易，一是人力有限，二是水道可能太宽。如银河（只是神话的，也就难得渡过）就是这样，连邹衍之流也不敢设想在其上造桥，而又君子愿成人之美，只好求有翅且有巢的鹊发慈悲心，至七月七日，全体出动，展翅相接成桥，以期痴男牛郎、怨女织女可以相会，时间虽短，以新风推之，紧抱，热吻，也许还要以下删去若干字，最后还有"不知东方之既白"，泪如雨下，总之，遗憾就成为慰情聊胜无，天上人间都可以松一口气了。桥之为用真是大矣哉。

桥多种，用多种，贪多嚼不烂，想只说一点点自己感兴趣的。惯于厚古薄今，仍先说古。记忆中浮出两个，巧，都见于《庄子》。一见《秋水》篇，说：

> 庄子与惠子游于濠梁之上。庄子曰："鲦鱼出游从容，是鱼之乐也。"惠子曰："子非鱼，安知鱼之乐？"庄子曰："子非我，安知我不知鱼之乐？"惠子曰："我非子，固不知子矣；子固非鱼矣，子之不知鱼之乐全矣。"庄子曰："请循其本，子曰汝安知鱼乐云者，既已知吾知之，而问我，我知之濠上也。"

另一见《盗跖》篇，说：

> 尾生与女子期于梁下，女子不来，水至不去，抱梁柱而死。

两件事性质大异，而都感兴趣，是有不同的来由。庄子与惠子辩论的是知识论的大问题，而时间却是在桥上观鱼时候，所谓漫不经心，就没有学究气。这是桥的另一大用。美中不足，是我曾到朱洪武老家干校接受改造两年，不只本性未移，竟连濠水也没看见，更不要说其上的桥了。没看见也罢，反正那说的是"理"，离生之道比较远。后一件事就不同，不只参加个女性，还有痴情的男性为女性而死。据有考证癖的人说，这位鲁国尾生，就是《论语》说的到邻居家要点醋给人的微生高。尾生也罢，微生也罢，戴上现代眼镜评论，水至，女未至，心眼儿也未尝不可以活动些，即到桥上等，何必刻舟求剑呢？移到女本位就不同，期于梁下，水至仍在梁下是绝对服从，所谓至死不渝，才可以说是好样的。这好，桥也应该算作与有力焉吧？也有美中不足，是那位女子终于没有露面，下面是否还有死别的曲折，就不能知道了。

还是少替古人担忧，改为说自己的。我走过不少桥，见过更多的桥，单说有名的，大，有长江大桥，黄河铁桥；孔多，有颐和园的十七孔桥，苏州的宝带桥。在这方面，我也未能免势利眼之俗，看长江大桥，曾用自家之腿丈量（其时是四月），水面是四华里，桥长大致加倍。就长度说，在国内它可考第一。可惜是怕查三代，它不古。如果发思古之幽情，就要去看赵州桥。只是很遗憾，我兼对赵州和尚有兴趣，却直到现在还没到过赵州，去看看比武则天还年高的这座石桥。略可补偿的是看过多次京城通惠河上的八里桥。那还是二十年代后期，我在通县上学，星期日，也想过屠门而大嚼，无钱，想携意中人至林木萧疏处细语，无缘，不得已，只好独自，或与同样无钱无缘之人结伴，出城，西行八里，上桥头，远眺，作踏天街看佳丽的白日梦。不能实，有梦也好，这梦之成，也是桥与有力焉。

就我的简陋经历所知，喜欢桥，最好到苏州去走走，因为那里水多，桥就不能不多。水各式各样，桥也各式各样。我在苏州住过半个月，往寒山寺，曾在附近登上胥江上的弓形大桥，却没找到枫桥（据说是个小桥）。看不止一次兼印象深的是盘门外的吴门桥，特大，中间高耸，其上有不少人，其下有不少船，来来往往。小桥当然更多，由大场面缩到小场面，也就会更有意思。为寻觅有意思，我喜欢坐在平江路旁看小桥，连带看小桥上的行人，这里显示的是地道的姑苏生活，不像狮子林等名园，虽然地在姑苏，却变为五方的嘈杂。园中的桥，我喜欢沧浪亭入门的那一座，厚石块平铺而成，质朴无华，却能使人想到沈复和陈芸，因为他们住在附近，常到园里来，桥上必有不少他们的足迹，于今尘飞人远，想想当年不是也颇有意思吗？

　　由苏州就不由得想到杭州。杭州的桥，有名的都在西湖。断桥（一说应作段桥）有大名，是因为在那里，先是出了个绝美而又多情的白娘子，紧接着又是热爱和生离。对于这样的遭际，男士是乐得同享，女士是乐得同情，于是就都洒了动心之泪。由断桥西行，还有个西泠桥，又是古迹，也就又离不开女人。这女的是南齐苏小小，风尘中人，男性最欢迎，因为入怀乱的可能性大。以上是围绕白堤。还有苏堤，桥多了，由北而南一排六座，曰六桥。不知为什么，一提起六桥，我就想到《随园诗话》记的一件轶事，那是他的一位叔父字健磐的往镇江，寄寓在一个铁匠家遇见的。铁匠不识之无，妻却文雅，能诗。日久天长，二人由不知变为相知，于是而有诗札往来之事。再其后是发乎情，止乎礼义，终须一别，于是相互赠诗赋别，诗话只记女方七律的一联是："三月桃花怜妾命，六桥烟柳梦君家。"这里又是桥，是传情的桥，洒血泪的桥。

　　扫他人瓦上的霜太多了，还是退入家门扫自己的。我幼年住在家乡，关于桥，印象深的是远一座，近两座。远的在村西北三四里，亢庄之南，弓形，高大，远望，像是半浮在空中。何以这样高，其下有什么水，没问过；更奇怪的是，如此之近，却一

桥

直没走过。近的两座，大的石桥在村东，到镇上买物经常走；小的砖桥在村西，下地干农活更要常常走。砖桥也是弓形，孔矮而小，几乎乏善可述，可是因为离家近，常常走，总是感到亲切，像是踏在上面就看见屋顶的炊烟，想到火炕的温暖。村东的一座横跨在南北向的旧河道上，几排大石块平铺在上面，其下有柱，很高。其时我还没念过《庄子》，不知道这样的地方还可以与女子相期。这也好，如果念过，知道有相期之事，而找不到这样的女子来相期，总会感到寂寞吧？

似水流年，幼年过去了，我不再踏家乡的小桥，要改为踏其他地方的桥。昔人说墨磨人。其实桥也磨人，比如脚踏八里桥，其时我还是红颜绿鬓，到去岁与秀珊女士游通县张家湾，走上南门外的古桥（明晚期建），倚栏拍照，就成为皤然一老翁了。老了，仅有的一点点珍藏和兴致都在记忆中，如韦庄词所写，"骑马倚斜桥，满楼红袖招"，也只能在昔日。于是关于桥，也想翻检一下昔日。算作梦也好，像是有那么两个桥，一个是园中的小石板桥，一个是街头的古石块桥。是在那个小石板桥旁，我第一次看见她的泪；是在那个古石块桥旁，我们告别，也"执手相看泪眼，竟无语凝咽"。但终于别了，其后就只能"隔千里兮共明月"。我没有忘记桥，所以为了桥，更为了人，曾填词，开头是"石桥曾别玉楼人"。这也可以算作桥的用吗？估计桥如果有知，是不会承认的，因为它的本性是通，不是断，是渡，不是阻。那就暂且忘却"执手相看泪眼"，改为吟诵晏小山词，"梦魂惯得无拘检，又踏杨花过谢桥"吧。

（选自《张中行散文选集》）

桥

郭　风

 作者介绍

　　郭风，散文家、儿童文学家。

　　代表作有《小小的履印》《灯火集》等。

　　在旅途生活的焦虑和不安里，突然在面前出现的一座桥，便是在零落的小村尽处出现的一座倾圮的板桥，都会给我的心以暂时的、片刻的慰藉。我知道，踱过了一座桥，旅途便前进了一程……虽然在无涯的人生旅途上，这是多么些微可笑的一程，但经过自己的劳苦跋涉向前迈进了一程，这时你的心中该是怎样的喜悦呢？也就在这时，我的幻想便飞跃起来，我看见，桥永远站在那里；一程又一程地，对于你的前进，用现在，把你的过去的足步和未来串系起来……

　　当我在这喧嚣的小山城底郊外漫步时，对于著目地映现在视野里的那塔和桥，我却有着强烈的不同的感受。我觉得那塔，好像是远远地便希冀人们注意地写在渺茫的远天上；那塔，好像是虚幻的，可望不可即的谎言似的写在远天上；而且在我的心中还有一种奇妙的想法：以为那一层一层地堆叠起来的塔，是表示着所谓"功德"的象征么？是表示着为民"求福消祸"的祈愿的象征么？于是，我对于这人世的虚伪有了更固执的憎恶。而那桥，却是那样平凡地从溪流的这一边架搭到那一边；地上有比它更真实，更亲切的形体么？我觉得它是完全不希冀人们说一声感谢地，沉默地，像从来不曾出现在那里似的躺在那里。人们不经心地从桥上经过。我们能有法子去计算每天有多少无事忙的人从桥上经过，有多少奔忙的人从桥上经过呢？

我想，又有谁来注意到桥的坚贞呢？有谁来注意在艰险的溪流上守住最后一刻的木桥的坚贞呢？谁能想象到，那下着暴雨的夏晚，木桥怎样地和暴涨的洪流抗逆的最后一刻的情景呢？……

而当第二天，当人们站在边岸上惊骇于桥的毁灭时，我们是宁愿去体验当它正已明白自己的命运，却有余暇去担心今后谁能接替自己的任务的那一刹那的心情，对于站在边岸上的那些假慈悲者的叹息，我们能说些什么呢？

1941 年 7 月山城永安

（选自 1941 年 8 月 25 日《现代文艺》第 3 卷第 5 期）

一个普通人

李 娟

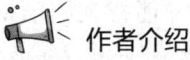作者介绍

李娟，当代散文作家。

著有散文集《九篇雪》《我的阿勒泰》《阿勒泰的角落》，被誉为"文坛清新之风，来自阿勒泰的精灵吟唱"。

有一个人，他的名字实在太复杂了，因此我们就忘记了。他的脸却长得极寻常，因此我们再也想不起他的模样了——我们实在不知道他是谁，虽然他欠了我们家的钱。

当时他赶着羊群路过我家商店，进来看了看，赊走了八十块钱的商品，在我家的账本上签了一个名字（几个不认识的阿拉伯字母）。后来我们一有空就翻开账本那一页反复研究，不知这笔钱该找谁要去。

在游牧地区放债比较困难，大家都赶着羊群到处跑，今天在这里扎下毡房子住几天，明天又在那里停一宿的，从南至北，绵

绵千里逐水草而居，再加之语言不精通，环境不了解……我们居然还敢给人赊账！

幸好牧民都老实巴交的，又有信仰，一般不会赖账。我们给人赊账，看起来风险很大，但从长远考虑还是划得来的。

春天上山之前，大家刚刚离开荒凉的冬牧场，羊群瘦弱，牧民手头都没有现钱，生活用品又急需，不欠债实在无法过日子。而到了秋天，羊群南下，膘肥体壮。大部队路过喀吾图一带时，便是我们收债的好日子。但那段时间我们也总是搬家，害得跑来还债的人找不着地方，得千打听万打听，好容易才能找上门来。等结清了债，亲眼看着我们翻开记账的本子，用笔划去自己的那个名字，他们这才放心离去，一身轻松。在喀吾图，一个浅浅写在薄纸上的名字就能紧紧缚住一个人。

可是，那个老账本上的所有名字都划去了，唯独这个人的名字还稳稳当当在那页纸上停留了好几年。

我们急了，开始想法子打听这家伙的下落。

冬日里的一天，店里来了一个顾客，一看他沉重扎实的缎面皮帽子就知道是牧人。我们正好想起那件事，就拿出账本请他辨认一下是否认识那人——用我妈的原话说，就是那个"不要脸"的、"加蛮"（不好）的人。

谁知他不看倒罢了，一看之下大吃一惊："这个，这个，这不是我吗？这是我的名字呀！是我写的字啊！"

我妈更加吃惊，加之几秒钟之前刚骂了人家"不要脸"并且"加蛮"，便非常不好意思，支支吾吾起来："你？呵呵，是你？嘿嘿，原来就是你……"

这个人揪着胡子想半天，也记不起自己到底什么时候买了这八十块钱的东西，到底买了什么东西，以及为什么要买。

他抱歉地说："实在想不起来啦！"却并没有一点点要赖账的意思。因为那字迹的确是他的。但字迹这个东西嘛，终究还是他自己说了算，我们又不知道他平时怎么写字的。反正他就是不赖账。

他回家以后，当天晚上立刻送来了二十元钱。后来，他在接下来的八个月时间里，分四次还完了剩下的六十元钱。看来他真的很穷。

（选自《阿勒泰的角落》）

戏如人生

林今开

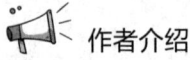 作者介绍

林今开，中国台湾著名散文作家。写作能从现实生活中吸取戏剧的质素，巧妙地把故事情节安排到散文中。

著有《狂人百相》《新狂人百相》《画布背面的群像》《连台好戏》等。

一位台湾老人游东京，携介绍函到新宿公寓找我。我见他鹤发童颜，气宇不凡，不免对他肃然起敬。

他说明来意，要我介绍一家东京歌剧院，由他购票入场，唯请特准他在散场时到后台参观一下。

霎时间，他的形象在我眼里缩小了。原来他是个老不修，初到东京，什么正经的不看，但图亲近日本女戏子。但我受人之托，不得不挂个电话给那家剧院，替他订了当晚票位，并拜托票房经理指定一位服务员，在散场时引带这位老者进入后台参观。

第二天早上，这老人特来致谢辞行。他很得意地说，此次游日，过境签证只限两天，他只能作重点考察三个目标，虽很细微，却能由微而窥大；尤其最后一项，得我之助，混入后台，所见所闻，极有心得。

这时，他的形象稍微放大，也扭正了一些。我问道："是哪三项？"

"我是个缺德鬼，素来察人观耳后；穿堂过户，乐看人家厨房的抹布；考察一个国家也是如此。这次我来东京，千街万厦，不在眼里，但看，一、菜篮，二、公厕，三、后台。我首先站在东京旧式菜市场门口，看一个个日本主妇提着菜篮出来，篮中食物相当丰富，尤其种类分配均匀，这是日本最足以自傲的一点；其次，我到新宿高架电车道下面，观察日本人随地小便的密集区，这是日本最丢脸的一面；最后，承你安排到剧院后台参观，使我非常感动，借此了解日本民族的特质。"

他的形象再放大了，我急问道："您看到什么？"

"昨夜演出《茶花女》悲剧，散场时，我被带到后台去，这时，女主角正由一个老妇扶着走下台来，她仍不停地唏嘘、呜咽着，表情非常悲怆，似乎戏还在上演。那老妇一边替她拭泪，一边安慰道："姑娘啊！别再伤心！现在是 1980 年，戏已经落幕了，我们不在巴黎，在东京，你不是苦命的茶花女，而是日本最幸运的姑娘，你慢慢回过来吧！乖，好姑娘，回过来吧！……慢慢的……"后台这一幕，使我大开眼界，我活在中国社会，惯看'人生如戏'，昨夜得见'戏如人生'，非常过瘾，也感慨万千！"

这时，那老人大大膨胀起来，形同巨人。我再三请他留下长叙，却留不住，他才走到门口，又折回来道：

"差一点忘了奉告主人，方才经过你的储蓄室旁边，偷看一下，发现有一条抹布不够干净。再见！"

他的形象终于消失在人海中。

（选自《连台好戏》）

遥远的回忆（节选）

[俄] 塔季娅娜·苏霍津娜-托尔斯塔娅　著　郭家申　译

 作者介绍

　　塔季娅娜·苏霍津娜-托尔斯塔娅，列夫·托尔斯泰的长女，也是她父亲的知心朋友，在列夫·托尔斯泰去世后，她与母亲一起主持托尔斯泰著作的整理和出版工作。

　　著有《塔季娅娜·苏霍津娜-托尔斯塔娅回忆录》等。

占 卜

　　这件事发生在父亲的晚年，当时他正在写最后一部长篇小说《复活》。

　　一次，我走进他的书房，看见他正在往桌子上摊牌。父亲为了休息或是思考一下写出来的东西，经常做占卜的游戏，但是他将牌摊好之后，仍然继续在想着自己的心事。他在心里估算：如果占卜中了，他将这样做；如果占卜不中，那就要换一种方

式做。

我知道他有这个习惯，于是问道：

"你正在想一件什么事吧？"

"是啊。"

"想什么呢？"

"是这么回事。如果占卜中了，聂赫留多夫就跟卡秋莎结婚；若是占不中，就不能让他们俩结婚。"

等父亲占卜完毕，我问他：

"结果怎么样了？"

"瞧，"他说，"占中了，但卡秋莎不能嫁给聂赫留多夫……"

接着他给我讲了普希金生活中的一段趣闻，是他的朋友麦谢尔斯卡娅公爵夫人告诉他的。"有一次，普希金对公爵夫人说：'您猜我的塔季娅娜最后怎么样了？她拒绝了奥涅金。这件事我万万没有料到。'"

"这就是说，"父亲说，"人物一经作家塑造出来，他便开始了独立自主的生活，不再受作者的意志支配了。作者只能根据人物的性格行事，这就是为什么我的卡秋莎和普希金的塔季娅娜只能根据自己的而不是作者的意愿行事的原因。"

"不过，"我寻思道，"要塑造出栩栩如生的人物来，必须得是普希金……或托尔斯泰才行。"

乏味的艺术

如果一幅画、一出戏、一本书将所有的细节都表现出来——

通常会使人感到乏味的。

反之，如果作者只表现出作品的主要方面，把余下的部分留给观众或读者去想象，这样他们就会觉得自己是在跟作者一起进行创造。

"要在艺术里得到真金，"父亲说，"必须搜集大量材料，然后再用批评的筛子加以筛选。"

父亲非常喜欢援引一句法国话："请原谅我写得太长，我实在没时间写得短一些。"

众所周知，莎士比亚那个时代谁也不会去制作富丽堂皇的布景。只需在一根柱子上标明该"布景"意味着什么就够了。谁能说当时这样做就影响了观众对剧目的欣赏，而不如按时代环境的要求，将当时所需用的每一件道具全搬上舞台更好呢。

父亲举出两种描写的例子：一种不好的，一种好的。

他从一部法国长篇小说中找出几页描写烤鹅的气味的段落。

"当然，"父亲说，"直到最后一页，鼻子里老闻到一股烤鹅的气味，但这是创造印象的真正方法吗？还记得荷马是怎样描写海伦的美丽的吗？'海伦走了进来，她的美丽使老人们肃然起敬。'普普通通的一句话，但您从中可以看到，老人们在这种美的魅力面前也不禁肃然起敬。用不着去描写她的眼睛、嘴巴、头发等。每个人都会用自己的方式去想象海伦的形象。但是每个人都感受着这种连老人们也不禁为之肃然起敬的美的力量。"

最后，父亲援引了伏尔泰的一句话："乏味的艺术——就是把话说尽。"

（选自《塔季娅娜·苏霍津娜–托尔斯塔娅回忆录》）

遥远的回忆（节选）

KISSING THE FIRE（吻火）

梁遇春

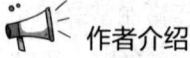

作者介绍

梁遇春，散文家。散文风格另辟蹊径，兼有中西方文化特色，被誉为"中国的伊利亚"。

著有散文集《春醪集》《泪与笑》等。

回想起志摩先生，我记得最清楚的是他那双银灰色的眸子。其实他的眸子当然不是银灰色的，可是我每次看见他那种惊奇的眼神，好像正在猜人生的谜，又好像正在一叶一叶揭开宇宙的神秘，我就觉得他的眼睛真带了一些银灰色。他的眼睛又有点像希腊雕像那两片光滑的，仿佛含有无穷情调的眼睛，我所说银灰色的感觉也就是这个意思罢。

他好像时时刻刻都在惊奇着。人世的悲欢，自然的美景以及日常的琐事，他都觉得是很古怪的，从来没有看见过的，完全出乎意料的。所以他天天都是那么有兴致（Gusto），就是说出悲哀的话时候，也不是垂头丧气，厌倦于一切了，却是发现了一朵"恶之花"，在那儿惊奇着。

三年前，在上海的时候，有一天晚上，他拿着一根纸烟向一位朋友点燃的纸烟取火，他说道："Kissing the fire"，这句话真可以代表他对于人生的态度。人世的经验好比是一团火，许多人都是敬鬼神而远之，隔江观火，拿出冷酷的心境去估量一切，不敢投身到轰轰烈烈的火焰里去，因此过个暗淡的生活，简直没有一点的光辉，数十年的光阴就在计算怎么样才会不上当里面消逝去了，结果上了个大当。他却肯亲自吻着这团生龙活虎般的烈火，火光一照，化腐臭为神奇，遍地开满了春花，难怪他天天惊异着，难怪他的眼睛跟希腊雕像的眼睛相似，希腊人的生活就是像他这样吻着人生的火，歌唱出人生的神奇。

这一回在半空中他对于人世的火焰作最后的一吻了。

（选自《梁遇春散文》）

KISSING THE FIRE（吻火）

梅兰芳同志千古

老 舍

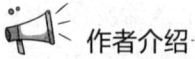
作者介绍

老舍,现代小说家、文学家、戏剧家。

代表作有小说《骆驼祥子》《四世同堂》《茶馆》;话剧
《龙须沟》等,北京市政府授予他"人民艺术家"称号。

我们正在大兴安岭上游览访问,忽然听到梅兰芳同志病逝的
消息。我们都黯然者久之,热泪欲坠!我们之中,有的是梅大师
的朋友,有的只看过他的表演,伤心却是一致的。谁都知道这是
全国戏曲界的一个重大损失!

我有许多话要说,但是心中悲痛,无法安排好我的话语。我
只好想到什么就说什么。在这心酸意乱的时刻中,我已控制不住
自己的感情,无法有条有理的讲话!

我与梅大师一同出国访问过两次,一次到朝鲜,一次到苏
联。在行旅中,我们行则同车,宿则同室。在同车时,他总是把

下铺让给我，他睡上铺。他知道我的腰腿有病。同时，他虽年过花甲，但因幼工结实，仍矫健如青年人。看到他上去下来，那么轻便敏捷，我常常对友人们说：大师一定长寿，活到百龄是很可能的！是呀，噩耗乍来，我许久不能信以为真！

不论是在车上，还是在旅舍中，他总是早起早睡，劳逸结合。起来，他便收拾车厢或房间：不仅把被子叠得齐齐整整，而且不许被单上有一些皱纹。收拾完自己的，他还过来帮助我。他不许桌上有一点烟灰，衣上有点尘土。他的手不会闲着。他在行旅中，正如在舞台上，都一丝不苟地处理一切。他到哪里，哪里就得清清爽爽，有条有理，开辟个生活纪律发着光彩的境地。

在闲谈的时候，他知道的便原原本本地告诉我；他不知道的就又追问到底。他诲人不倦，又肯广问求知。他不叫已有的成就限制住明日的发展。这就难怪，他在中年已名播全世，而在晚年还有新的贡献。他的确是活到老，学到老的人。

每逢他有演出任务的时候，在登台前好几小时就去静坐或静卧不语。我赶紧躲开他。他要演的也许是"醉酒"，也许是"别姬"。这些戏，他已演过不知多少次了。可是，他仍然要用半天的时间去准备。不，不仅准备，他还思索在哪一个身段，或某一句的行腔上，有所改进。艺术的锤炼是没有休止的！

他很早就到后台去，检查一切。记得：有一次，他演"醉酒"，几个宫娥是现由文工团调来的。他就耐心地给她们讲解一切，并帮助她们化妆。他发现有一位宫娥，面部的化妆很好，而耳后略欠明洁，他马上代她重新敷粉。他不许舞台上有任何敷衍的地方，任何对不起观众的地方。舞台是一幅图画、一首诗，必须一笔不苟！

在我这次离京以前，他告诉我：将到西北去演戏，十分高兴。他热爱祖国，要走遍各省，叫全国人民看见他，听到他，并向各种地方戏学习。他总是这样热情地愿献出自己的劳动，同时吸取别人的长处。五十多年的舞台生活，他给我们创造了多少新的东西啊！这些创造正是他随时随地学习，力除偏见与自满的结果。

他不仅是京剧界的一代宗师，继往开来，风格独创，他的勤学苦练，自强不息的精神，他的爱国爱党，为民族争光的热情，也是我们一般人都应学习的！

在朝鲜时，我们饭后散步，听见一间小屋里有琴声与笑语，我们便走了进去。一位志愿军的炊事员正在拉胡琴，几位战士在休息谈笑。他就烦炊事员同志操琴，唱了一段。唱罢，我向大家介绍他，屋中忽然静寂下来。待了好一会儿，那位炊事员上前拉住他的双手，久久不放，口中连说：梅兰芳同志！梅兰芳同志！这位同志想不起别的话来！

今天我在兴安岭中，大草原上，也只能南望悲呼：梅兰芳同志！梅兰芳同志！梅兰芳同志离开我们了，梅兰芳同志永垂不朽！

（选自 1961 年《北京文艺》第 9 期）

贝多芬传（节选）

[法] 罗曼·罗兰 著 傅 雷 译

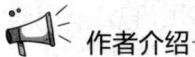

作者介绍

　　罗曼·罗兰，法国思想家、文学家、批判现实主义作家、音乐评论家和社会活动家。

　　代表作有《名人传》《约翰·克利斯朵夫》等。

　　亲爱的贝多芬！多少人已颂赞过他艺术上的伟大。但他远不止是音乐家中的第一人，而是近代艺术底最英勇的力。对于一般受苦而奋斗的人，他是最大而最好的朋友。当我们对着世界的劫难感到忧伤时，他会到我们身旁来，好似坐在一个穿着丧服的母亲旁边，一言不发，在琴上唱着他隐忍的悲歌，安慰那哭泣的人。当我们对德与善底庸俗，斗争到疲惫的辰光，到此意志与信仰底海洋中浸润一下，将获得无可言喻的神益。他分赠我们的是一股勇气，一种奋斗底欢乐，一种感到与神同在的醉意。仿佛在他和大自然不息的沟通之下，他竟感染了自然底深邃的力。葛里巴扎对贝多芬是钦佩之中含有惧意的，在提及他时说："他所到达的那种境界，艺术竟和旷野与古怪的原子混合为一。"舒芒提到《第五交响乐》时也说："尽管你时常听到它，它对你始终有一股不变的威力，有如自然界的现象，虽然时时发生，总教人充满着恐惧与惊异。"他的密友兴特勒说："他抓住了大自然底精神。"——这是不错的：贝多芬是自然界底一股力；一种原始的力和大自然其余的部分接战之下，便产生了荷马史诗般的壮观。

他的一生宛如一天雷雨的日子。——先是一个明净如水的早晨。仅仅有几阵懒懒的微风。但在静止的空气中，已经有隐隐的威胁，沉重的预感。然后，突然之间巨大的阴影卷过，悲壮的雷吼，充满着声响的、可怖的静默，一阵复一阵的狂风，《英雄交响乐》与《第五交响乐》。然而白日底清纯之气尚未受到损害。欢乐依然是欢乐，悲哀永远保存着一缕希望。但自一八一〇年后，心灵底均衡丧失了。日光变得异样。最清楚的思想，也看来似乎水汽一般在升华：忽而四散，忽而凝聚，它们的又凄凉又古怪的骚动，罩住了心；往往乐思在薄雾之中浮沉了一二次以后，完全消失了，淹没了，直到曲终才在一阵狂飙中重新出现。即是快乐本身也蒙上苦涩与旷野的性质。所有的情操里都混合着一种热病，一种毒素。黄昏将临，雷雨也随着酝酿。然后是沉重的云，饱蓄着闪电，给黑夜染成乌黑，夹带着大风雨，那是《第九交响乐》底开始。——突然，当风狂雨骤之际，黑暗裂了缝，夜在天空给赶走，由于意志之力，白日底清明重又还给了我们。

什么胜利可和这场胜利相比？波那帕脱的哪一场战争，奥斯丹列兹哪一天的阳光，曾经达到这种超人的努力底光荣？曾经获得这种心灵从未获得的凯旋？一个不幸的人，贫穷，残废，孤独，由痛苦造成的人，世界不给他欢乐，他却创造了欢乐来给予世界！他用他的苦难来铸成欢乐，好似他用那句豪语来说明的，——那是可以总结他一生，可以成为一切英勇心灵的箴言的：

"用痛苦换来的欢乐。"

（选自《巨人三传》）

贝多芬致韦该勒书

维也纳

一八二六年十二月七日

[德] 贝多芬 著 傅 雷 译

作者介绍

　　贝多芬，德国作曲家、钢琴家、指挥家。维也纳古典乐派代表人物之一。

亲爱的老朋友：

　　你和你洛亨的信给了我多少快乐，我简直无法形容。当然我应该立刻回复的；但我生性疏懒，尤其在写信方面，因为我想最好的朋友不必我写信也能认识我。我在脑海里常常答复你们；但当我要写下来时，往往我把笔丢得老远，因为我不能写出我的感觉。我记得你一向对我表示的情爱，譬如你教人粉刷我的房间，使我意外地欢喜了一场。我也不忘勃罗宁一家。彼此分离是事理之常：各有各的前程要趱奔；就只永远不能动摇的为善底原则，把我们永远牢固地连在一起。不幸今天我不能称心如意的给你写信，因为我躺在床上……

你的洛亨的倩影，一直在我的心头，我这样说是要你知道，我年轻时代一切美好和心爱的成分于我永远是宝贵的。

……我的箴言始终是：无日不动笔；如果我有时让艺术之神瞌睡，也只为要使它醒后更兴奋。我还希望再留几件大作品在世界上；然后和老小孩一般，我将在一些好人中间结束我尘世的途程。

……在我获得的荣誉里面，——因为知道你听了会高兴，所以告诉你——有已故的法王赠我的勋章，镌着："王赠与贝多芬先生"；此外还附有一封非常客气的信，署名的是："王家侍从长，夏德勒大公。"

亲爱的朋友，今天就以这几行为满足罢。过去的回忆充满我的心头，寄此信的时候，我禁不住涕泪交流。这不过是一个引子；不久你可接到另一封信；而你来信越多，就越使我快活。这是无须疑惑的，当我们的交谊已到了这个田地的时候。别了。请你温柔地为我拥抱你亲爱的洛亨和孩子们。想念我啊。但愿上帝与你们同在!

永远尊敬你的，忠实的，真正的朋友。

贝多芬

（选自《巨人三传》）

贝多芬致韦该勒书

王世襄其人其书

黄苗子

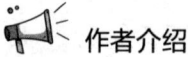

作者介绍

　　黄苗子，当代知名漫画家、美术史家、美术评论家、书法家、作家。

　　著有美术论著《美术欣赏》《吴道子事辑》《古美术杂记》《八大山人传》；散文集《货郎集》《无梦庵流水账》《青灯琐记》《风雨落花》等。

　　对于美术，我是一个什么都感兴趣的门外汉。记得1949—1950年间初到北京，那时北京饭店对面还是一片空地，长达一两里路都是摆地摊的；古旧书画、文物珍玩以至于日用衣着，应有尽有。郭沫若先生曾花了只当今天三十五元的贱值买了一部用细木箱装的《二十四史》，摆满了一个墙面。后来，在我的朋友、已故的著名音乐家盛家伦的介绍下，我仅花了四十元美金便换得半房子有关中国书画的线装书。还记得清楚的是：和工艺美术家张仃（前中央工艺美术学院院长）一起到东不压桥一家德国人开的古董店，看到一件榉木矮扶手椅，造型十分考究，每一根直线和曲线，每一个由线构成的面，配合呼应形成的空间分割，是如此恰到好处，使人产生一种稳重中有变化，严谨中带灵活的美感。中国艺术是善于把畸和正、简和繁、动和静、险和夷这些矛盾统一起来的。而从水墨画到家具，都巧妙地发挥简和静之美，艺术家们追求的是用极其简练的艺术语言恰到好处地表达事物的外在与内涵，宋玉形容美女："增之一分则太长，减之一分则太短，施粉则太白，施朱则太赤。"在明式家具或八大山人的水墨画中，都给予我们这种感觉。这是中国明式家具给予我第一次美的诱惑。我当时心头突突，很想买回去据为己有，但终于由张仃替学院买了下来。此物现已被王世襄收入这本图录中（见《明式家具珍赏》）。

以后，我在隆福寺旧书店买到一本杨耀先生的《中国明代室内装饰和家具》，是 1942 年《北京大学论文集》的油印本，篇幅很薄，但是对于念念不忘那具扶手椅的我，已经增加了一点对明式家具的感性认识。不久，旧书店又送来一帙德国人艾克（G.Ecke）著的《中国花梨家具图考》，图版十分丰富，我不假思索地买下来，但到 1957 年，我连同心爱的《中国版画史图录》（郑振铎著）都忍痛卖掉了。读到艾克的书，可以说是我接触到中国明式家具工艺的开头。我当时很想做点研究，从美学上说明明式家具为什么那么迷人。但这只是幻想，直到今天，我对美学还是摸不着门。对于明式家具，也只限于观赏赞叹而已。

50 年代初期，真是读书人的好时代，回忆起上面的一些鳞爪，还是令人神往的。又如买书，不是你跑到琉璃厂去还买不着，而是琉璃厂的书店伙计知道你平日爱什么书，给你送上门来。

应当言归正传了，我认识王世襄（畅安）兄也是50年代初由盛家伦介绍的。1957年，由于某种"误会"，我不能住在西观音寺了。1958年初，畅安慷慨地让我搬进芳嘉园他家院子的东屋，"结孟氏之芳邻"，确是平生一快。论历代书画著述和参考书，他比我多。论书画著述的钻研，他比我深（他写有一本《中国书论研究》，尚未出版）。论探索学问的广度，他远胜于我。论刻苦用功，他也在我之上。那时我一般早上五点就起来读书写字，但四点多，畅安书房的台灯，就已透出亮光来了。

> 尤怨如山负藐躬，
>
> 逡巡书砚岂途穷；
>
> 领窗灯火君家早，
>
> 惭愧先生苦用功。

这是我当时写给畅安的一首七绝。头二句，指的是当时我们都遭到同样的命运，希望在笔砚上用点功，以图"赎罪"的意思。可是，三四年工夫，畅安就以刻蜡版的方式，油印出《髹饰录解说》《画学汇编》《清代匠作则例汇编》《雕刻集影》等数十万字的述作。且不说刻蜡版油印是彼时彼地他唯一能够做到的出版方式，只是从工作质量上看，在很不平凡的环境条件下，能够如此自觉自愿地、绝不尤怨地、全心全意地、毫无利己地创造出近乎奇迹的成就，这已是我望尘莫及的了。

畅安治学凭两股劲：傻劲和狠劲。自青年时代起，他从放大鹰、喂獾狗、养蛐蛐、玩鸽子，到研究美术史、建筑营造以至明式家具，都以一种锲而不舍的精神，一钻到底，总要搞出个名堂来才善罢甘休。他是一个真正了解中国文化生活和民俗学的人（单是老北京的放鹰走狗，他就能如数家珍地谈上一天一夜）。他做学问爱搞些"偏门"，人弃我取，从不被注意的角度上反映中国传统文化。"其文不雅驯，荐绅先生难言之"（《史记》）。畅安做学问并不单纯靠书本知识，他那本研究漆器的巨著《髹饰录解说》，是搜集了大量古代资料，再不怕艰辛地去走访远近的漆工，一条一条地记下他们的实践经验和术语名词，这种和有真知卓识的工匠交朋友，以今证古的治学方法，在这本明式家具中也充分体现，而这种方法，确不是"荐绅先生"所能做到的。本书以及漆书，大量地征引当代工匠不大"雅驯"的口头资料，正是给我国传统文化保留了宝贵资料的难能实践。

记得"文化大革命"前，有一个夏夜，我很晚从外头回来，在南小街路口的街灯下，见到畅安穿着一件破背心和一条短裤衩，正蹲在路灯下和一位同他的衣着相当、抽着烟袋锅的老汉热烈谈论，我走过去一问，原来他正在请教这位老工人种矮竹的方法。直到今天，已经荣任全国政协委员的王畅安，由于多年来天天骑着自行车上菜市场，和去那里采购的厨师切磋烹调谱，与售货员研究商品学，正是在这个基础上，1983 年他去人民大会堂担任全国烹饪名师技术表演鉴定会顾问时，能提出精辟中肯、大可一语中的的见解，去评判来自全国名厨的肴馔。

畅安治学的另一个特点是严肃认真的科学态度。他征引一条资料一定要反复核实，绘制一件家具一定要搞清它的结构，完成一本书一定要加上索引，以方便读者查阅。这种在三四十年代北平学术界的优良传统，50 年代后已逐渐式微，只有在畅安的著述中，我们还可看到这些可贵的认真态度与科学精神（本书姊妹篇，他的另一部以文字为主的专著《明式家具研究》，单是名辞术语简释便附有一千多条）。

"世界上怕就怕'认真'二字"，这句名言不但反映在畅安锲而不舍的治学态度上，也反映在他的生活兴趣上。他游黄山爱上了歙县乡间的一株富有文明画意的老桩古柏，费尽力气把它从乡间运到歙县长途汽车站，连夜排队买了两张靠近车门的座位票，自己坐一个位子，抱着大盆柏树占另一个位子，好容易到了杭州，然后央求列车乘务员准许他随身托运带到北京，放在当年安静幽雅的芳嘉园院子里。自然，在十年浩劫中，这株费尽心血远道运回来的古柏，也终于是"彩云易散琉璃碎"了。

据我所知，继艾克的著作之后，外国学者研究中国明式家具艺术的著作和文章，还不断出现。但是中国人评论《哈姆雷特》总没有英国文学家来得透彻；外国人研究另一个国家的风土、文化，都不如本国人入木三分。可是在中国，50 年代收藏明式家具与畅安相埒的考古学家、诗人陈梦家先生，在"文化大革命"中被迫害致死之前，虽已著作等身，但还没有关于家具的文稿留传下来。现在，中国人研究自己的明式家具而卓有成就、蜚声国际的，就只有畅安一人了。

香港的新闻界，早就流传说北京有一位酷爱明式家具的"妙人"，因在十年动乱中及以后一段时间没有房子摆放，把家具堆满一间仅有的破漏小室，这房子那时仰头可以看见星斗。在既不能让人进屋、也不好坐卧的情况下，老两口只好蜷曲在两个拼合起来的明代柜子内睡觉，这位"妙人"就是王世襄。我曾赠他一联：

移门好就橱当榻，（改梁茞林句。移门指卸下柜门）
仰屋常愁雨湿书。

横额是"斯是漏室"。

今年年初的一个晚上，畅安冒着严寒，骑着自行车远征到我已迁居东郊的家。他脱下了罩裷，露出束着腰带的棉袄，然后小心翼翼地从怀中掏出他的宝贝——一个一个装着虫儿的葫芦，放在桌上（那里的小动物最初还有点害羞和陌生，等到安定下来，暖气给了它们舒适感，它们就"悠悠悠""悠悠悠"地唱起来），就和我谈到他这本《明代家具珍赏》将要出版。我是义不容辞地应当给它写点介绍文字，但我不想谈大家将会从此书领略到什么。我觉得，让大家多了解一些本书作者，一位热爱生活、热爱祖国、热爱祖国传统文化而又孜孜不倦地希望在这方面作点贡献的学者的活的形象，可能使读者在阅读本书时，增加一点兴趣。

1985 年 5 月 1 日
（选自《风雨落花》）

王世襄其人其书

怀李叔同先生

丰子恺

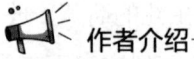

作者介绍

丰子恺，现代画家、散文家、美术教育家、音乐教育家、漫画家和翻译家。

著有《缘缘堂随笔》《丰子恺书法》《丰子恺儿童漫画选》《护生画集》等。

距今二十九年前，我十七岁的时候，最初在杭州的浙江省立第一师范学校里见到李叔同先生，即后来的弘一法师。那时我是预科生，他是我们的音乐教师。我们上他的音乐课时，有一种特殊的感觉：严肃。摇过预备铃，我们走向音乐教室，推进门去，先吃一惊：李先生早已端坐在讲台上。以为先生总要迟到而嘴里随便唱着、喊着，或笑着、骂着而推进门去的同学，吃惊更是不小。他们的唱声、喊声、笑声、骂声以门槛为界限而忽然消灭。接着是低着头、红着脸，去端坐在自己的位子里。端坐在自己的位子里偷偷地仰起头来看看，看见李先生的高高的瘦削的上半身穿着整洁的黑布马褂，露出在讲桌上，宽广得可以走马的前额，细长的凤眼，隆正的鼻梁，形成威严的表情。扁平而阔的嘴唇两端常有深涡，显示和蔼的表情。这副相貌，用"温而厉"三个字来描写，大概差不多了。讲桌上放着点名簿、讲义，以及他的教课笔记簿、粉笔。钢琴衣解开着，琴盖开着，谱表摆着，琴头上又放着一只时表，闪闪的金光直射到我们的眼中。黑板（是上下两块可以推动的）上早已清楚地写好本课内所应写的东西（两块都写好，上块盖着下块，用下块时把上块推开）。在这样布置的讲台上，李先生端坐着。坐到上课铃响出（后来我们知道他这脾气，上音乐课必早到。故上课铃响时，同学早已到齐），他站起身来，深深地一鞠躬，课就开始了。这样地上课，空气严肃得很。

有一个人上音乐课时不唱歌而看别的书，有一个人上音乐时吐痰在地板上，以为李先生不看见的，其实他都知道。但他不立刻责备，等到下课后，他用很轻而严肃的声音郑重地说："某某等一等出去。"于是这位某某同学只得站着。等到别的同学都出去了，他又用轻而严肃的声音向这某某同学和气地说："下次上课时不要看别的书。"或者，"下次痰不要吐在地板上。"说过之后他微微一鞠躬，表示"你出去罢"。出来的人大都脸上发红。又有一次下音乐课，最后出去的人无心把门一拉，碰得太重，发出很大的声音。他走了数十步之后，李先生走出门来，满面和气地叫他转来。等他到了，李先生又叫他进教室来。进了教室，李先生用很轻而严肃的声音向他和气地说："下次走出教室，轻轻地关门。"就对他一鞠躬，送他出门，自己轻轻地把门关了。最不易忘却的，是有一次上弹琴课的时候。我们是师范生，每人都要学弹琴，全校有五六十架风琴及两架钢琴。风琴每室两架，给学生练习用；钢琴一架放在唱歌教室里，一架放在弹琴教室里。上弹琴课时，十数人为一组，环立在琴旁，看李先生范奏。有一次正在范奏的时候，有一个同学放一个屁，没有声音，却是很臭。钢琴及李先生十数同学全部沉浸在亚莫尼亚气体中。同学大都掩鼻或发出讨厌的声音。李先生眉头一皱，管自弹琴（我想他一定屏息着）。弹到后来，亚莫尼亚气散光了，他的眉头方才舒展。教完以后，下课铃响了。李先生立起来一鞠躬，表示散课。散课以后，同学还未出门，李先生又郑重地宣告："大家等一等去，还有一句话。"大家又肃立了。李先生又用很轻而严肃的声音和气地说："以后放屁，到门外去，不要放在室内。"接着又一鞠躬，表示叫我们出去。同学都忍着笑，一出门来，大家快跑，跑到远处去大笑一顿。

李先生用这样的态度来教我们音乐，因此我们上音乐课时，觉得比上其他一切课更严肃。同时对于音乐教师李叔同先生，比对其他教师更敬仰。那时的学校，首重的是所谓"英、国、算"，即英文、国文和算学。在别的学校里，这三门功课的教师最有权威；而在我们这师范学校里，音乐教师最有权威，因为他是李叔同先生的原故。

李叔同先生为甚么能有这种权威呢？不仅为了他学问好，不仅为了他音乐好，主要的还是为了他态度认真。李先生一生的最大特点是"认真"。他对于一件事，不做则已，要做就非做得彻底不可。

他出身于富裕之家，他的父亲是天津有名的银行家。他是第五位姨太太所生。他父亲生他时，年已七十二岁。他坠地后就遭父丧，又逢家庭之变，青年时就陪了他的生母南迁上海。在上海南洋公学读书奉母时，他是一个翩翩公子。当时上海文坛有著名的沪学会，李先生应沪学会征文，名字屡列第一。从此他就为沪上名人所器重，而交游日广，终以"才子"驰名于当时的上海。所以后来他母亲死了，他赴日本留学的时候，作一首《金缕曲》，词曰："披发佯狂走。莽中原暮鸦啼彻几株衰柳。破碎河山谁收拾，零落西风依旧。便若得离人消瘦。行矣临流重太息，说相思刻骨双红豆。愁黯黯，浓于酒。漾情不断淞波溜。恨年年絮飘萍泊，遮难回首。二十文章惊海内，毕竟空谈何有！听匣底苍龙狂吼。长夜西风眠不得，度群生那惜心肝剖。是祖国，忍孤负？"读这首词，可想见他当时豪气满胸，爱国热情炽盛。他出家时把过去的照片统统送我，我曾在照片中看见过当时在上海的他：丝绒碗帽，正中缀一方白玉，曲襟背心，花缎袍子，后面挂着胖辫子，底下缀带扎脚管，双梁厚底鞋子，头抬得很高，英俊之气，流露于眉目间。真是当时上海一等的翩翩公子。这是最初表示他的特性：凡事认真。他立意要做翩翩公子，就彻底地做一个翩翩公子。

后来他到日本，看见明治维新的文化，就渴慕西洋文明。他立刻放弃了翩翩公子的态度，改做一个留学生。他入东京美术学校，同时又入音乐学校。这些学校都是模仿西洋的，所教的都是西洋画和西洋音乐。李先生在南洋公学时英文学得很好；到了日本，就买了许多西洋文学书。他出家时曾送我一部残缺的原本《莎士比亚全集》，他对我说："这书我从前细读过，有许多笔记在上面，虽然不全，也是纪念物。"由此可想见他在日本时，对于西洋艺术全面进攻，绘画、音乐、文学、戏剧都研究。后来他在日本创办春柳剧社，纠集留学同志，共演当时西洋著名的悲剧《茶花女》（小仲马著）。他自己把腰束小，扮作茶花女，粉墨登场。这照片，他出家时也送给我，一向归我保藏；直到抗战时为兵火所毁。现在我还记得这照片：卷发，白的上衣，白的长裙拖着地面，腰身小到一把，两手举起托着后头，头向右歪侧，眉峰紧蹙，眼波斜睇，正是茶花女自伤命薄的神情。另外还有许多演剧的照片，不可胜记。这春柳剧社后来迁回中国，李先生就脱出，由另一班人去办，便是中国最初的"话剧"社。由此可以想见，李先生在日本时，是彻头彻尾的一个留学生。我见过他当时的照片：高帽子、硬领、硬袖、燕尾服、史的克、尖头皮鞋，加之长身、高鼻，没有脚的眼镜夹在鼻梁上，竟活像一个西洋人。这是第二次表示他的特性：凡事认真。学一样，像一样。要做留学生，就彻底地做一个留学生。

他回国后，在上海太平洋报社当编辑。不久，就被南京高等师范请去教图画、音乐。后来又应杭州师范之聘，同时兼任两个学校的课，每月中半个月住南京，半个月住杭州。两校都请助教，他不在时由助教代课。我就是杭州师范的学生。这时候，李先生已由留学生变为"教师"。这一变，变得真彻底：漂亮的洋装不穿了，却换上灰色粗布袍子、黑布马褂、布底鞋子。金丝边眼镜也换了黑的钢丝边眼镜。他是一个修养很深的美术家，所以对于仪表很讲究。虽然布衣，却很称身，常常整洁。他穿布衣，全无穷相，而另具一种朴素的美。你可想见，他是扮过茶花女的，身材生得非常窈窕。穿了布衣，仍是一个美男子。"淡妆浓抹总相宜"，这诗句原是描写西子的，但拿来形容我们的李先生的仪表，也很适用。今人侈谈"生活艺术化"，大都好奇立异，非艺术的。李先生的服装，才真可称为生活的艺术化。他一时代的服装，表出着一时代的思想与生活。各时代的思想与生活判然不同，各时代的服装也判然不同。布衣布鞋的李先生，与洋装时代的李先生、曲襟背心时代的李先生，判若三人。这是第三次表示他的特性：认真。

我二年级时，图画归李先生教。他教我们木炭石膏模型写生。同学一向描惯临画，起初无从着手。四十余人中，竟没有一个人描得像样的。后来他范画给我们看。画毕把范画揭在黑板上。同学们大都看着黑板临摹。只有我和少数同学，依他的方法从石膏模型写生。我对于写生，从这时候开始发生兴味。我到此时，恍然大悟：那些粉本原是别人看了实物而写生出来的。我们也应该直接从实物写生入手，何必临摹他人，依样画葫芦呢？于是我的画进步起来。此后李先生与我接近的机会更多。因为我常去请他教画，又教日本文。以后的李先生的生活，我所知道的较为详细。他本来常读性理的书，后来忽然信了道教，案头常常放着道藏。那时我还是一个毛头青年，谈不到宗教。李先生除绘事外，并不对我谈道。但我发现他的生活日渐收敛起来，仿佛一个人就要动身赴远方时的模样。他常把自己不用的东西送给我。他的朋友日本画家大野隆德、河合新藏、三宅克己等到西湖来写生时，他带了我去请他们吃一次饭，以后就把这些日本人交给我，叫我引导他们（我当时已能讲普通应酬的日本话）。他自己就关起房门来研究道学。有一天，他决定入大慈山去断食，我有课事，不能陪去，由校工闻玉陪去。数日之后，我去望他。见他躺在床上，面容消瘦，但精神很好，对我讲话，同平时差不多。他断食共十七日，由闻玉扶起来，摄一个影，影片上端由闻玉题字："李息翁先生断食后之像，侍子闻玉题。"这照片后来制成明信片分送朋友。像的下面用铅字排印着："某年月日，入大慈山断食十七日，身心灵化，欢乐康强——欣欣道人记。"李先生这时候已由"教师"一变而为"道人"了。学道就断食十七日，也是他凡事"认真"的表示。

但他学道的时候很短。断食以后，不久他就学佛。他自己对我说，他的学佛是受马一浮先生指示的。出家前数日，他同我到西湖玉泉去看一位程中和先生。这程先生原来是当军人的，现在退伍，住在玉泉，正想出家为僧。李先生同他谈得很久。此后不久，我陪大野隆德到玉泉去投宿，看见一个和尚坐着，正是这位程先生。我想称他"程先生"，觉得不合。想称他法师，又不知道他的法名（后来知道是弘伞），一时周章得很。我回去对李先生讲了，李先生告诉我，他不久也要出家为僧，就做弘伞的师弟。我愕然不知所对。过了几天，他果然辞职，要去出家。出家的前晚，他叫我和同学叶天瑞、李增庸三人到他的房间里，把房间里所有的东西送给我们三人。第二天，我们三人送他到虎跑。我们回来分得了他的"遗产"，再去望他时，他已光着头皮，穿着僧衣，俨然一位清癯的法师了。我从此改口，称他为"法师"。法师的僧腊二十四年。这二十四年中，我颠沛流离，他一贯到底，而且修行功夫愈进愈深。当初修净土宗，后来又修律宗。律宗是讲究戒律的。一举一动，都有规律，严肃认真之极。这是佛门中最难修的一宗。数百年来，传统断绝，直到弘一法师方才复兴，所以佛门中称他为"重兴南山律宗第十一代祖师"。他的生活非常认真。举一例说：有一次我寄一卷宣纸去，请弘一法师写佛号。宣纸多了些,他就来信问我,多余的宣纸如何处置?又有一次,我寄回件邮票去,多了几分。他把多的几分寄还我。以后我寄纸或邮票,就预先声明:余多的送与法师。有一次他到我家,我请他藤椅子里坐。他把藤椅子轻轻摇动,然后慢慢地坐下去。起先我不敢问。后来看他每次都如此,我就启问。法师回答我说:"这椅子里头,两根藤之间,也许有小虫伏着。突然坐下去,要把它们压死,所以先摇动一下,慢慢地坐下去,好让它们走避。"读者听到这话,也许要笑。但这正是他做人极度认真的表示。

如上所述,弘一法师由翩翩公子一变而为留学生,又变而为教师,三变而为道人,四变而为和尚。每做一种人,都做得十分像样。好比全能的优伶:起青衣像个青衣,起老生像个老生,起大面又像个大面……都是"认真"的缘故。

现在弘一法师在福建泉州圆寂了。噩耗传到贵州遵义的时候,我正在束装,将迁居重庆。我发愿到重庆后替法师画像一百帧,分送各地信善,刻石供养。现在画像已经如愿了。我和李先生在世间的师弟尘缘已经结束,然而他的遗训——认真——永远铭刻在我心头。

1943 年 4 月,弘一法师圆寂后 167 日,
作于四川五通桥客寓
(选自《缘缘堂随笔》)

怀李叔同先生

为了这春天

[新加坡] 罗 兰

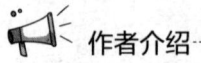 **作者介绍**

罗兰，作家。2003年获世界华文作家协会"终身成就奖"。

著有《罗兰小语》《罗兰散文》以及部分书信体文集和论文集，获得极大反响，20世纪八九十年代在中国形成"罗兰热"。

年前各种各样的匆忙，到立春半月后的节气"雨水"，才算告一段落。忙的不仅是公事与私事，还加一个极具压迫性的季节——春。你说不出它带给你的是什么，只觉得整个儿是一段从萧索到繁荣的挣扎，是人对自然的耐力与生存意志的严酷考验，是非常痛苦的一个过程。当一切完成之后，那份对新生的茫然，却如大梦初醒——要重新认识这世界和自己所站立的位置了。

每一个四季，每一个生命，岂不都是经历如此的过程？从挣扎着出生到憟然的觉醒，用完全陌生的眼睛认识环境，适应生存，肯定自我，而后再一次地从繁荣到萧索，又从萧索到新生的呢？

经过了各式各样的匆匆，也经过了各式各样的冷暖，穿皮衣的日子，挤人潮的日子；提着大包小包，不知为什么不能众醉独醒，而只能随俗奔忙的日子，春节这一天，骤然间，一切静止，大概是岁月蜕变到了顶点吧？然后回到家里升起一些炉火，点亮一些烛光，在门前或各个角落，张贴一些生命的象征，宣告挣扎的决心，祝祷生命的持续与繁华。接着，在醇酒一般浓浓的醉意中，忽然那一切的挣扎与戒备都解除了。街上再度有了车声，人踪再度从疏落到繁盛。外面的大树摆脱了岁暮的枯黄，和几上的桃枝一起绽出了新叶。日历一下子就要跨到三月，一个新的奔赴，在轨道上已经进行好一阵子了，而你在这个蜕变的季节里梦游着。

你，曾经是怎样活过来的呢？

好像刚刚发现自己被放置在一个陌生的起点上，四顾茫然，要从头找回一些记忆，发现一些去岁的遗痕。从无依中起步是如此的需要集中神智来使自己摆脱旧梦，是如此的需要气力来让自己举步前行！

醒过来的时候，是淡淡的春晨，外面正下着雨，雨中车辆驶过的声音是那样的陌生又熟稔。以前是用什么样的心情，去听这川流着的行列呢？以前你的苦是什么滋味，你的乐是什么状貌？你曾经在成功的顶峰还是在失败的谷底？你曾经为爱兴奋还是为恨伤怀？你曾为做错过什么而痛悔？为忽略了什么而失落？你曾有什么事该做而未做？你曾允诺过什么而未实行？

梦前与梦后，隔着一片雾一般的空白吧？

也许，也许，仍有一片伤痕在痛，提醒你，那错误的噩运仍在持续；也许，也许，你记起有一枚小小的青叶，在心的冬眠中等待绽放。你要弥补的是什么呢？要完成的是什么呢？要追寻的是什么呢？……

你需要一些答案。

而日子已经在春雨与春晴，春寒与春暖中，一页一页地飞去。仿佛是旧时一些爱情的信笺，那些薄薄的纸页所飞越过的时间与空间，均已不再。

梦醒过后的这下着雨的春晨，你在茫然的心境中，坐在窗前，听雨中的车行声与马达声，那就是时间的轨迹与生命的节奏了吧？

要写的是一封不该写也不该寄的信，却是一封最想写也最想寄的信。寄给一个绿绿的春天，告诉他，你的心情为了这春天而涨满温柔的泪水。

（选自《罗兰散文集》）

成都的春天

刘大杰

 作者介绍

刘大杰，现代学者、作家、翻译家。

代表作有《托尔斯泰研究》《易卜生研究》《德国文学概论》等。

成都天气，热的时候不过热，冷的时候不过冷，水分很多，阴晴不定，宜于养花木，不宜于养人。因此，住在成都的人，气色没有好的，而花木无一不好。在北平江南一带看不见的好梅花，成都有，在外面看不见的四五丈高的玉兰，二三丈高的夹竹桃，成都也有。据外国人说，成都的兰花，在三百种以上。外面把兰花看重得宝贝一样，这里的兰，真是遍地都是，贱得如江南一带的油菜花，三分钱买一大把，你可以插好几瓶。从外面来的朋友，没有一个人不骂成都的天气，但没有一个不爱成都的花木。

成都这城市，有一点京派的风味。栽花种花，对酒品茗，在

生活中占了很重要的一部分。一个穷人家住的房子，院子里总有几十株花草，一年四季，不断地开着鲜艳的花。他们都懂得培植，懂得衬贴。一丛小竹的旁边，栽着几树桃，绿梅的旁边衬着红梅，蔷薇的附近，植着橙柑，这种衬贴扶持，显出调和，显出不单调。

成都的春天，恐怕要比北平江南早一月到两月罢。二月半到三月半，是梅花盛开的时候，街头巷尾，院里墙间，无处不是梅花的颜色。绿梅以清淡胜，朱砂以娇艳胜，粉梅则品不高，然在无锡梅园苏州邓尉所看见的，则全是这种粉梅也。"疏影横斜水清浅，暗香浮动月黄昏"，林和靖先生的诗确是做得好，但这里的好梅花，他恐怕还没有见过。碧绿，雪白，粉红，朱红，各种各样的颜色，配合得适宜而又自然，真配得上"香雪海"那三个字。

现在是三月底，梅兰早已谢了，正是海棠玉兰桃杏梨李迎春各种花木争奇斗艳的时候。杨柳早已拖着柔媚的长条，在百花潭浣花溪的水边悠悠地飘动，大的鸟小的鸟，颜色很好看，不知道名字，飞来飞去地唱着歌。薛涛林公园也充满了春意，有老诗人在那里吊古，有青年男女在那里游春。有的在吹箫唱曲，有的在垂钓弹筝，这种情味，比起西湖上的风光，全是两样。

花朝，是成都花会开幕的日子。地点在南门外十二桥边的青羊宫。花会期有一个月。这是一个成都青年男女解放的时期。花会与上海的浴佛节有点相像，不过成都的是以卖花为主，再辅助着各种游艺与各地的出产。平日我们在街上不容易看到艳妆的妇女，到这时候，成都人倾城而出，买花的，卖花的，看人的，被人看的，摩肩擦背，真是拥挤得不堪。高跟鞋，花裤，桃色的衣裳，卷卷的头发，五光十色，无奇不有，与其说是花会，不如说是成都人展览会。好像是闷居了一年的成都人，都要借这个机会来发泄一下似的，醉的大醉，闹的大闹，最高兴的，还是小孩子，手里抱着风车风筝，口里嚼着糖，唱着回城去，想着古人的"无人不道看花回"的句子，真是最妥当也没有的了。

到百花潭去走走，那情境也极好。对面就是工部草堂，一只有篷顶的渡船，时时预备在那里，你摇一摇手，他就来渡你过去。一潭水清得怪可爱，水浅地方的游鱼，望得清清楚楚，无论你什么时候去，总有一堆人在那里钓鱼，不管有鱼无鱼，他们都能忍耐地坐在那里，谈谈笑笑，总要到黄昏时候，才一群一群地进城。堤边十几株大杨柳，垂着新绿的长条，尖子都拂在水面上，微风过去，在水面上摇动着美丽的波纹。

没有事的时候，你可以到茶馆里去坐一坐。茶馆在成都真是遍地都是，一把竹椅，一张不成样子的木板桌，你可以泡一碗茶（只要三分钱），可以坐一个下午。在那里你可以看到许多平日你看不见的东西。有的卖字画，有的卖图章，有的卖旧衣服。你有时候，可以用最少的钱，买到一些很好的物品。郊外的茶馆，有的临江，有的在花木下面，你坐在那里，喝茶，吃花生米，可以悠悠地欣赏自然，或是读书，或是睡觉，你都很舒服。高兴起来，还可以叫来一两样菜，半斤酒，可以喝得醺醺大醉，坐着车子进城。你所感到的，只是轻松与悠闲，如外面都市中的那种紧张的空气，你会一点也觉不到。我时常想，一个人在成都住得太久了，会变成一个懒人，一个得过且过的懒人。

三月末日于成都

（选自 1936 年 5 月 1 日《宇宙风》第十六期）

成都的春天

窗外的春光

庐 隐

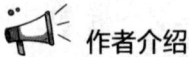

作者介绍

庐隐，著名作家，与冰心、林徽因齐名，被称为"福州三大才女"。

代表作有《地上的乐园》《曼丽》《灵海潮汐》等。

几天不曾见太阳的影子，沉闷包围了她的心。今早从梦中醒来，睁开眼，一线耀眼的阳光已映射在她红色的壁上，连忙披衣起来，走到窗前，把洒着花影的素幔拉开。前几天种的素心兰，已经开了几朵，淡绿色的瓣儿，衬了一颗朱红色的花心，风致真特别，即所谓"冰洁花丛艳小莲，红心一缕更嫣然"了。同时一股沁人心脾的幽香，喷鼻醒脑，平板的周遭，立刻涌起波动，春神的薄翼，似乎已扇动了全世界凝滞的灵魂。

说不出是喜悦，还是惆怅，但是一颗心灵涨得满满的，——莫非是满园春色关不住，——不，这连她自己都不能相信；然而仅仅是为了一些过去的眷恋，而使这颗心不能安定吧！本来人生如梦，在她过去的生活中，有多少梦影已经模糊了，就是从前曾使她惆怅过，甚至于流泪的那种情绪，现在也差不多消逝净尽，就是不曾消逝的而在她心头的意义上，也已经变了色调，那就是说从前以为严重了不得的事，现在看来，也许仅仅只是一些幼稚的可笑罢了！

兰花的清香，又是一阵浓厚的包袭过来，几只蜜蜂嗡嗡的在花旁兜着圈子，她深切地意识到，窗外已充满了春光；同时二十年前的一个梦影，从那深埋的心底复活了：

一个仅仅十零岁的孩子，为了脾气的古怪，不被家人们的了解，于是把她送到一所囚牢似的教会学校去寄宿。那学校的校长是美国人，——一个五十岁的老处女，对于孩子们管得异常严厉，整月整年不许孩子走出那所建筑庄严的楼房外去；四围的环境又是异样的枯燥，院子是一片沙土地；在角落里时时可以发现被孩子们踏陷的深坑，坑里纵横着人体的骨骼，没有树也没有花，所以也永远听不见鸟儿的歌曲。

春风有时也许可怜孩子们的寂寞吧！在那洒过春雨的土地上，吹出一些青草来——有一种名叫"辣辣棍棍"的，那草根有些甜辣的味儿，孩子们常常伏在地上，寻找这种草根，放在口里细细的嚼咀；这可算是春给她们特别的恩惠了！

那个孤零的孩子，处在这种阴森冷漠的环境里，更是倔强，没有朋友，在她那小小的心灵中，虽然还不曾认识什么是世界，也不会给这个世界一个估价，不过她总觉得自己所处的这个世界，是有些乏味；她追求另一个世界。在一个春风吹得最起劲的时候，她的心也燃烧着更热烈的希冀，但是这所囚牢似的学校，

窗外的春光

那一对黑漆的大门仍然严严的关着，就连从门缝看看外面的世界，也只是一个梦想。于是在下课后，她独自跑到地窖里去，那是一个更森严可怕的地方，四围是石板作的墙，房顶也是冷冰冰的大石板，走进去便有一股冷气袭上来，可是在她的心里，总觉得比那死气沉沉的校舍，多少有些神秘性吧。最能引诱她当然还是那几扇矮小的窗子，因为窗子外就是一座花园。这一天她忽然看见窗前一丛蝴蝶兰和金钟罩，已经盛开了，这算给了她一个大诱惑，自从发现了这窗外的春光后，这个孤零的孩子，在她生命上，也开了一朵光明的花，她每天像一只猫儿般，只要有工夫，便蜷伏在那地窖的窗子上，默然地幻想着窗外神秘的世界。

她没有哲学家那种富有根据的想象，也没有科学家那种理智的头脑，她小小的心，只是被一种天所赋予的热情紧咬着。她觉得自己所坐着的这个地窖，就是所谓人间吧——一切都是冷硬淡漠，而那窗子外的世界却不一样了。那里一切都是美丽的，和谐的，自由的吧！她欣羡着那外面的神秘世界，于是那小小的灵魂，每每跟着春风，一同飞翔了。她觉得自己变成一只蝴蝶，在那盛开着美丽的花丛中翱翔着，有时她觉得自己是一只小鸟，直扑天空，伏在柔软的白云间甜睡着。她整日支着颐不动不响的尽量陶醉，直到夕阳逃到山背后，大地垂下黑幕时，她才怏怏的离开那灵魂的休憩地，回到陌生的校舍里去。

她每日每日照例的到地窖里来，——一直过完了整个的春天。忽然她看见蝴蝶兰残了，金钟罩也倒了头，只剩下一丛深碧的叶子，苍茂的在薰风里撼动着，那时她竟莫明其妙地流下眼泪来。这孩子真古怪得可以，十零岁的孩子前途正远大着呢，这春老花残，绿肥红瘦，怎能惹起她那么深切的悲感呢?！但是孩子从小就是这样古怪，因此她被家人所摒弃，同时也被社会所摒弃。在她的童年里，便只能在梦境里寻求安慰和快乐，一直到她是否认现实世界的一切，她终成了一个疏狂孤介的人。在她三十年的岁月里，只有这些片段的梦境，维系着她的生命。

阳光渐渐的已移到那素心兰上，这目前的窗外春光，撩拨起她童年的眷恋，她深深地叹息了："唉，多缺陷的现实的世界呵！在这春神努力的创造美丽的刹那间，你也想遮饰起你的丑恶吗？人类假使的连这些梦影般的安慰也没有，我真不知道人们怎能延续他们的生命哟！"

但愿这窗外的春光，永驻人间吧！她这样虔诚的默祝着，素心兰像是解意般地向她点着头。

（选自 1934 年《人间世》第 1 期）

窗外的春光

晨

[俄] 高尔基　著　齐广春　译

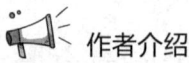作者介绍

高尔基，苏联无产阶级作家，社会主义现实主义文学的奠基人，列宁称他为"无产阶级艺术最伟大的代表者"。

代表作有《海燕之歌》《母亲》《童年》《在人间》《我的大学》等。

世界上最好的事情是看白天是怎样诞生的！太阳的第一道光线刚一闪现在天空，黑夜的阴影就悄悄地往山谷和石缝中躲藏，藏在茂密的树叶里，藏在满是露水的花边一样的野草里，而山峰则爱抚地微笑着，好像在对柔弱的黑夜的暗影说：

"别怕，这是太阳！"

海浪高高地昂起漂亮的白头，向太阳礼拜，就像宫廷的美女向国王朝拜一样，一边朝拜，一边歌唱：

"向您致敬，世界的君主！"

仁慈的太阳笑着：这些海浪快活地转了一整夜，现在它们头发蓬乱，绿色的衣裳揉皱了，丝绒的拖地长裙在脚下绊来绊去。

"你们好！"太阳一边从海上升起一边说："美人们，你们好！不过——够了，安静点儿吧！如果你们不停地跳得那么高，孩子们就不能游泳了！应该让世人都感到很好，对吧？"

绿色的蜥蜴从石缝中爬出来，眨着惺忪的睡眼互相说道："今天要热啊！"

在炎热的天气里，苍蝇懒得飞，蜥蜴容易捉到它们吃，而吃肥大的苍蝇该多么惬意呀！蜥蜴是不要命的馋鬼。

沾满沉甸甸露珠的花朵摇摇摆摆，好像在引逗人似的说："先生，请描写一下我们早晨载着露珠的美貌吧！请用语言给花儿们画一幅小小的肖像吧！试试看，这很容易，因为我们是非常普通……"

这些狡猾的小家伙！它们明明知道人不能用语言描绘出它那招人喜欢的美貌来，——它们在笑呢！

我尊敬地摘下了帽子，对它们说："你们太可爱了！谢谢你们给我的光荣，不过我今天没有时间。以后，也许……"

它们骄傲地笑了，把脸朝向太阳，太阳的光辉在露珠上闪烁着，花瓣和叶子像钻石似的闪着光芒。

金色的蜜蜂和胡蜂已在花儿上边盘旋，它们一边盘旋，一边贪婪地采集着馥郁的花粉，而在温暖的空气中则充满着它们浑厚的歌声：

晨

赞美太阳——

使生活变得快乐!

赞美劳动——

使大地变得美丽!

红胸脯的知更鸟醒了,它用纤细的两腿站着,摇摇摆摆,也在唱着自己轻柔而快乐的歌——鸟儿比人更懂得生活在世上是多么幸福!知更鸟总是首先出来迎接朝阳;在遥远而寒冷的俄罗斯,知更鸟被叫作"朝霞鸟",因为这种鸟胸脯上的羽毛是朝霞色的。在灌木丛中,活泼的黄雀跳跃着,它们的颜色灰黄相间,像街上的孩子——也那么淘气,那么不停地喊叫着。

追捕昆虫的燕子和雨燕一掠而过,如黑色的箭,发出愉快和幸福的声音——长一对轻快的翅膀多么好啊!

笠松的枝叶摇晃着,它们宛如一些大酒杯,注满了阳光就像注满了金色的醇酒一样。

以劳动为生的人们醒来了,他们终生美化世界,为世界创造财富,但却从生到死一直受穷受苦。

是什么原因呢?

这个问题,你以后长大了就会明白,当然,如果你想明白的话;而现在呢,你要学会热爱太阳,热爱一切快乐和力量的源泉,要快活,要善良,就像对万物一视同仁的善良的太阳一样。

人们醒了,他们向田野走去,向自己的劳动场所走去。太阳看着他们,微笑着:它最了解人们在大地上做了多少好事,它曾看到过从前的大地是一片荒凉,而如今则满是人们——人们祖祖辈辈创造的伟大劳动成果,除了那些严肃的、孩子们现在还不能理解的事物之外,他们还创造了各种玩具和世上一切令人高兴的东西，如电影院。

啊，我们的先人劳动得多么出色！他们在我们周围所创造的一切伟大劳动成果是多么值得爱惜和尊重啊！

孩子们，不妨想一想：人在大地上劳动的童话是世界上最有趣的童话呀！……

田埂上的玫瑰正在泛红，各处的花儿都在微笑，其中有许多正在凋谢，但它们仍然望着蓝天，望着金色的太阳；它们丝绒似的花瓣簌簌作响，散发出一种甜蜜的馨香，而在蔚蓝色的温暖的洋溢着芬芳的空气里，则轻轻地荡漾着柔情爱抚的歌声：

美终究是美，
即使是在它凋谢的时候；
我们的爱始终是爱，
即使是在我们要死的时候……

白天降临了！
你们好啊，孩子们，愿你们的一生里有无数个美好的白天！
我写的这个东西枯燥吗？
真是毫无办法：人一过了四十岁，就变得有些枯燥了。

（选自《外国散文三百篇·卷三》）

晨

美丽的早晨

——六月二日晨的青岛

贾植芳

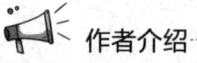

作者介绍

贾植芳，现代著名学者、作家。

著有《近代中国经济社会》《贾植芳小说选》《外来思潮和理论对中国现代文学影响》《人的证据》《人生赋》等，译有《契诃夫手记》《契诃夫戏剧艺术》《俄国文学研究》等。

六月一日晚上八时，电灯开了以后，蛰伏在屋子里终日抑郁的邻居们突然显得活跃，大家在走廊上奔走相告：街头警戒的蒋匪都溜光了。

"是在电灯没开以前走的，电灯一亮一个也不见了。"

这些随黑暗而去的东西，在光明中已不复见的东西，到底从这个美丽的海岛上被驱赶着逃去了。

在斗室里的灯光下，我和妻感到一种说不出的情绪，那么汹涌，那么澎湃，我觉得自己的眼睛湿润了，我抬起头来，妻的发亮的眼睛正睨视着我，怕我听不见似的，大声说：

"从此我们没有了精神上的负担了！"

她微笑了。

这是我们期待着的微笑呵，这是开在无数中国人民鲜血上的花朵，是我们把自己生命作抵押而到底获得了的财富，这是胜利的徽记，这是一切价值的价值！

我点了一支烟，坐在小凳上，默默地吸着。不知烟味地吸着；我哭了，我想起从被长期羁押的上海监狱里出来，在继续不断的迫害中，我们逃亡到这个孤独的海岛上的三个月来鼠子一样的辛酸生活，我们只惭愧地感觉到自己对于中国人民神圣事业所做的事太渺小、太不够了。我们竟还能活到这个美丽的时日的来临……

外面的炮声又响了，声凄而厉，邻居的布商在门口大声地说："这是国民党的起身炮，东西们逃远了。"……

我们不能入睡。房东关了电灯。我们伏在紧闭的窗上，向外凝视，一切是静悄悄的，静得出奇的美好，显示出这个岛在死亡到新生的途程中静谧的转换面。这里面包含着说不尽辞意的挽歌和颂辞。海上喑哑的汽船声间歇地叫着，杂着零落的枪声。妻说：

"这些东西们临走还要吓唬老百姓哩！"

迷糊一样地睡了有一个多钟头，我们又醒来了，穿了衬衣，仍然伏在窗上看着街道。街灯正在浓雾中消失着。喑哑的汽船声被夜风从远处的海上送来，已然显得迷糊而低沉，接着经过一段

奇特的沉寂以后，在教堂的钟声听来比平常更动人的清亮的振响不已中，庄严的黎明完全莅临，于是窗前的广场上出现了纷纷的人群，儿童追着小狗，女孩子拍着皮球跳跃，成群的人们大声说话和谈笑，雾在消散……

匆忙地在地上穿鞋的妻子发出不耐烦的声调，催促我快穿衣服，好赶快去沧口迎接把蒋匪军赶走了的人民解放军去。

一九四九年六月二日晨

（选自 1949 年 6 月 23 日上海《大公报·文艺》）

光荣的荆棘路

[丹麦] 安徒生　著　叶君健　译

作者介绍

安徒生，丹麦作家、诗人，被誉为"现代童话之父"。

最著名的童话故事有《小锡兵》《冰雪女王》《拇指姑娘》《卖火柴的小女孩》《丑小鸭》和《红鞋》等。

从前有一个古老的故事："光荣的荆棘路：一个叫作布鲁德的猎人得到了无上的光荣和尊严，但是他却长时期遇到极大的困难和冒着生命的危险。"我们大多数的人在小时已经听到过这个故事，可能后来还谈到过它，并且也想起自己没有被人歌颂过的"荆棘路"和"极大的困难"。故事和真事没有什么很大的分界线。不过故事在我们这个世界里经常有一个愉快的结尾，而真事常常在今生没有结果，只好等到永恒的未来。

世界的历史像一个幻灯机。它在现代的黑暗背景上，放映出明朗的片子，说明那些造福人类的善人和天才的殉道者在怎样走

着荆棘路。

这些光耀的图片把各个时代、各个国家都反映给我们看。每张片子只映几秒钟，但是它却代表整个的一生——充满了斗争和胜利的一生。我们现在来看看这些殉道者行列中的人吧——除非这个世界本身遭到灭亡，这个行列是永远没有穷尽的。

我们现在来看看一个挤满了观众的圆形剧场吧。讽刺和幽默的语言像潮水一般地从阿里斯托芬的"云"喷射出来。雅典最了不起的一个人物，在人身和精神方面，都受到了舞台上的嘲笑。他是保护人民反抗 30 个暴君的战士。他名叫苏格拉底，他在混战中救援了阿尔西比亚得和生诺风，他的天才超过了古代的神仙。他本人就在场。他从观众的凳子上站起来，走到前面去，让那些正在哄堂大笑的人可以看看，他本人和戏台上嘲笑的那个对象究竟有什么相同之点。他站在他们面前，高高地站在他们面前。

你。多汁的、绿色的毒胡萝卜，雅典的阴影不是橄榄树而是你！

七个城市国家在彼此争辩，都说荷马是在自己城里出生的——这也就是说，在荷马死了以后！请看看他活着的时候吧！他在这些城市里流浪，靠朗诵自己的诗篇过日子。他一想起明天的生活，他的头发就变得灰白起来。他，这个伟大的先知者，是一个孤独的瞎子。锐利的荆棘把这位诗中圣哲的衣服撕得稀烂。

但是他的歌仍然是活着的；通过这些歌，古代的英雄和神仙也获得了生命。

图画一幅接着一幅地从日出之国，从日落之国现出来。这些国家在空间和时间方面彼此的距离很远，然而它们却有着同样的光荣的荆棘路。生满了刺的蓟只有在它装饰着坟墓的时候，才开出第一朵花。

骆驼在棕榈树下面走过。它们满载着靛青和贵重的财宝。这些东西是这国家的君主送给一个人的礼物——这个人是人民的欢乐，是国家的光荣。嫉妒和毁谤逼得他不得不从这国家逃走，只有现在人们才发现他。这个骆驼队现在快要走到他避乱的那个小镇。人们抬出一具可怜的尸体走出城门，骆驼队停下来了。这个死人就正是他们所要寻找的那个人：费尔杜西——光荣的荆棘路在这儿告一结束。

在葡萄牙的京城里，在王宫的大理石台阶上，坐着一个圆面孔、厚嘴唇、黑头发的非洲黑人。他在向人求乞。他是加莫恩的忠实的奴隶。如果没有他和他求乞得到的许多铜板，他的主人——叙事诗《路西亚达》的作者——恐怕早就饿死了。

现在加莫恩的墓上立着一座贵重的纪念碑。

还是一幅图画！

铁栏杆后面站着一个人。他像死一样的惨白，长着一脸又长又乱的胡子。

"我发明了一件东西——一件许多世纪以来最伟大的发明，"他说，"但是人们却把我放在这里关了二十多年！"

"他是谁呢？"

"一个疯子！"疯人院的看守说。"这些疯子的怪想头才多呢！他相信人们可以用蒸汽推动东西！"

这人名叫萨洛蒙·得·高斯，黎显留读不懂他的预言性的著作，因此他死在疯人院里。

现在哥伦布出现了。街上的野孩子常常跟在他后面讥笑他，因为他想发现一个新世界——而且他也就居然发现了。欢乐的钟声迎接着他的胜利的归来，但嫉妒的钟声敲得比这还要响亮。他，这个发现新大陆的人，这个把美洲黄金的土地从海里捞起来的人，这个把一切贡献给他的国王的人，所得到的报酬是一条铁链。他希望把这条链子放在他的棺材上，让世人可以看到他的时代所给予他的评价。

图画一幅接着一幅的出现，光荣的荆棘路真是没有尽头。

在黑暗中坐着一个人，他要量出月亮里山岳的高度。他探索星球与行星之间的太空。他这个巨人懂得大自然的规律。他能感觉到地球在他的脚下转动。这人就是伽利略。老迈的他，又聋又瞎，坐在那儿，在尖锐的苦痛中和人间的轻视中挣扎。他几乎没有气力提起他的一双脚；当人们不相信真理的时候，他在灵魂的极度痛苦中曾经在地上跺着这双脚，高呼道："但是地在转动呀！"

这儿有一个女子，她有一颗孩子的心，但是这颗心充满了热情和信念。她在一个战斗的部队前面高举着旗帜；她为她的祖国带来胜利和解放。空中起了一片狂乐的声音，于是柴堆烧起来了：大家在烧死一个巫婆——冉·达克。是的，在接着的一个世纪中人们唾弃这朵纯洁的百合花，但智慧的鬼才伏尔泰却歌颂"拉·比塞尔"。

在微堡的宫殿里，丹麦的贵族烧毁了国王的法律。火焰升起来，把这个立法者和他的时代都照亮了，同时也向那个黑暗的囚楼送进一点彩霞。他的头发斑白，腰也弯了；他坐在那儿，用手指在石桌上刻出许多线条。他曾经统治过三个王国。他是一个民众爱戴的国王；他是市民和农民的朋友；克利斯仙二世。他是一个莽撞时代的一个有性格的莽撞人。敌人写下他的历史。我们一方面不忘记他的血腥的罪过，一方面也要记住：他被囚禁了27年。

有一艘船从丹麦开出去了。船上有一个人倚着桅杆站着，向汶岛做最后的一瞥。他是杜却·布拉赫。他把丹麦的名字提升到星球上去，但他所得到的报酬是讥笑和伤害。他跑到国外去。他说："处处都有天，我还要求什么别的东西呢？"他走了；我们这位最有声望的人在国外得到了尊荣和自由。

"啊，解脱！只愿我身体中不可忍受的痛苦能够得到解脱！"好几个世纪以来我们就听到这个声音。这是一张什么画片呢？这是格里芬菲尔德——丹麦的普洛米修士——被铁链锁在木克荷尔姆石岛上的一幅图画。

我们现在来到美洲，来到一条大河的旁边。有一大群人集拢来，据说有一艘船可以在坏天气中逆风行驶，因为它本身具有抗拒风雨的力量。那个相信能够做到这件事的人名叫罗伯特·富尔登，他的船开始航行，但是它忽然停下来了。观众大笑起来，并且还"嘘"起来——连他自己的父亲也跟大家一起"嘘"起来：

"自高自大！糊涂透顶！他现在得到了报应！应该把这个疯子关起来才对！"

一根小钉子摇断了——刚才机器不能动就是因了它的缘故。轮子转动起来了，轮翼在水中向前推进，船在开行；蒸汽机的杠杆把世界各国间的距离从钟头缩短成为分秒。

人类啊，当灵魂懂得了它的使命以后，你能体会到在这清醒的片刻中所感到的幸福吗？在这片刻中，你在光荣的荆棘路上所得到的一切创伤——即使是你自己所造成的——也会痊愈，恢复

健康、力量和愉快；嘈音变成谐声；人们可以在一个人身上看到上帝的仁慈，而这仁慈通过一个人普及到大众。

光荣的荆棘路看起来像环绕着地球的一条灿烂的光带。只有幸运的人才被送到这条带上行走，才被指定为建筑那座连接上帝与人间的桥梁的、没有薪水的总工程师。

历史拍着它强大的翅膀，飞过许多世纪，同时在光荣的荆棘路的这个黑暗背景上，映出许多明朗的图画，来鼓起我们的勇气，给予我们安慰，促进我们内心的平安。这条光荣的荆棘路，跟童话不同，并不在这个人世间走到一个辉煌和快乐的终点，但是它却超越时代，走向永恒。

（选自《没有画的画册》）

历史是公正的吗

[奥地利] 斯蒂芬·茨威格　著　高中甫　译

 作者介绍

斯蒂芬·茨威格，奥地利著名小说家、传记作家。作品擅长细致的性格刻画，以及对奇特命运下个人遭遇和心灵的热情的描摹。

代表作有小说《最初的经历》《马来狂人》《恐惧》《感觉的混乱》《人的命运转折点》《一个陌生女人的来信》《象棋的故事》《一个女人一生中的二十四小时》等；传记《三位大师》《同精灵的斗争》《三个描摹自己生活的诗人》等。

"谁若是有，就会被给予，他就会愈加充裕富有；但谁若是没有，那他已有的也被剥夺。"这句话虽然已有两千多年的历史了，可对现实来说却没失去作用。凡是取得成功的地方那成功就不断，有财富的地方，随之就有崭新的源源不断的黄金，除此还有对黄金的膜拜，追随者的心甘情愿的狂喜，黯淡无光的灵魂。

因为权力是世界最最神秘的物质，它磁石般地把单个人，诱惑般地把群体都吸到身边，很少去问，这种权力是从哪儿得到的，是从谁那里抢夺来的，而只是把它的存在当作是自身生存的一种提升，对之盲目地奉献。心悦诚服地把自己置于这种桎梏之下，兴高采烈地跳进这种奴役之中，这一直是各个民族的最最危险不过的特点了。而尤为喜欢的是屈服于一种成功之下。

每一种现实都适用于这句残酷的话；谁若是有，他还会被给予。但比这更奇怪的是，历史也不例外。它本应是冷静的、清醒的和公正的，可它也如此，它也有着倾向，事后给予真实生活中表面保持公正的事情给予公正；它也乐于，如大多数人一样，站在成功者一面，它也乐于事后夸大那些大人物，那些胜利者，贬低被战胜者，或者对此缄默。它给那些著名人物堆积起他们的真正有的荣誉，还要加上传奇性的东西，每个伟人在历史的镜片下显现得总是比他原本的还要伟大得多——无数小人物被剥夺的，都加到了大人物的头上。

一艘船的英雄业绩留下来的是船长的名字，那些在他身边死去的和也许做出的成绩比他更多的人却湮没无闻；一个王国的臣民的勤奋和英雄行为都奉献给王国，可历史出于缩减需要却总是把他们的不可胜数的功绩放在少数几个名字和人物身上，记在最强者的名下，因为："谁若是没有，那他已有的也被剥夺。"因此有必要，读历史不能深信不疑，而是应当好奇般地加以怀疑，因为看来是铁面无私的历史依旧屈从于人类对传奇和神话的强烈爱好——它有意和无意地把少数几个主角加以英雄化，而把日常生活的主角，第二流和第三流的英雄人物推到黑暗之中。但传奇恰是通过诱惑，通过求全求美的光泽，而成为真理的最危险的敌人，因此去经常对它加以验证并还历史以本来面目就成为我们的义务。

这样一种无神论不会减少一个人的本性，不会减少他的世界价值，它只能提高我们的时代情感、我们的时代认识，它凭着对往昔的知识使现实对我们更多些公正。在一次性认识到的伟大面前毕恭毕敬，没有比这更危险的了；在官方的神圣权力面前卑躬屈膝，没有比这更灾难性的了！在传奇用它的须蔓进行编织以使一个形象心理上无法看不透时，我们可以平心静气把它解开，这不是什么渎神行为；我们必须永远把历史内部中正在添加的和已经添加的重新改正过来，给真正的业绩以纯正的和公正的尊敬，以此来对抗人类那种在成功面前低声下气的不可抗拒的压力。

我们的义务因此是永远不去崇拜权力，而是去崇拜那些为数不多的人，他们是诚实的和以公正方式获得权力的。只有有文化教养的人，科学家、音乐家、诗人才总是诚实的和以公正方式获得权力，因为他们占有的是没有人能够剥夺的。单一的人的世俗的统治，军事的统治，政治的统治毫无例外都来自暴力、残暴。因此我们不要对胜利都进行盲目的崇拜，而要总是提出根本性的问题：一个人是通过什么手段，用什么样的代价取得胜利的。因为在物质中，在国家的单一的人的巨大权力产生的地方，那里很少是出之于无或者是出之无主之地，而它几乎总是从其他人那里，从弱小者那里掠夺来的，每一个伟大的名声显赫的人几乎总显出一种疑是鲜血颜色的外貌。

但我们——我希望，是我们——被每一个生命的神圣思想所渗透，我们拒绝一个个人有权踏着与他共患难的成千上万伙伴，登上权力的阶梯——我们把世界历史并不看做是唯一的一部胜利

和战争的年表，不把掠夺者事先就看作是英雄，随之我们才能结束那种把成功加以危险的神化的做法。在权力和道义之间很少有一种联系，而多半甚至是一条无法逾越的鸿沟。一再地去揭露它，是我们首要的、也是迫切的义务，用易卜生的话来说，如果编造意味着要"开庭审判"，那我们也不必畏惧，不时地把一个用谄媚奉迎的敬畏所涂抹出来的人物传唤到我们的个人法庭前，并也为那些被遗忘者、被蹂躏者提供出庭作证的权利。

（选自《茨威格文集（第6卷）》）

论伟大

林语堂

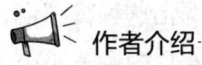

作者介绍

林语堂，当代著名学者、文学家、语言学家。

著有《翦拂集》《京华烟云》《孔子的智慧》等。他运用幽默手法创造了基调高亢、语言诙谐、讽喻犀利的"语丝体"散文，而林语堂本人也被称为"幽默大师"。

大自然本身始终是一间疗养院。它如果不能治愈别的疾病，至少能够治愈人类的狂妄自大的病。大自然不得不使人类意识到他自己的地位；在大自然的背景里，人类往往可以意识到他自己的地位。中国绘画在山水画中总是把人画得那么小，原因便在于此。在一幅名叫《雪后看山》的中国山水画中，要找到那个雪后看山的人是很难的。在细寻一番之后，你发现他坐在一棵松树下——在一幅高十五英寸的画里，他那蹲坐的身体只有一英寸高，而且是以几下画笔迅速画成功的。又如一幅宋代的绘画，画中是四个学者装束的人在一个秋天的树林里漫游着，仰首在眺望上头那些枝丫交错的雄伟的树木。一个人有时觉得自己渺小，那是很好的。有一次，我在牯岭避暑，躺卧在山顶上，那时我开始看见两个跟蚂蚁一样大的小动物在一百英里外的南京，为了要服务中国而互相怨恨，钩心斗角；这种事情看来真有点滑稽。所以，中国人认为到山中去旅行一次，可以有清心寡欲的功效，使人除掉许多愚蠢的野心和不必要的烦恼。

人类往往忘记自己是多么渺小，而且常常是多么无用的。一个人看见一座百层高的大楼时，常常夜郎自大；医治这种夜郎自大的心理的最好方法，就是把他想象中的摩天楼搬移到一个小山边去，使他更确切地知道什么可以叫作"伟大"，什么没有资格叫作"伟大"。我们喜欢海的无涯，我们喜欢山的伟大。黄山上有一些山峰是由整块的花岗石造成的，由看得见的基础到峰尖共有一千英尺高，而且有半英里长。这些东西鼓动了中国艺术家的灵感；这些山峰的静默、伟大和永久性，可说是中国人喜欢画中有石头的原因。一个人未旅行过黄山之前，是不易相信世间有这么伟大的石头的；十七世纪有一些黄山派的画家，从这些静默的花岗石山峰得到了他们的灵感。

在另一方面，一个人如果和自然界伟大的东西发生联系，他的心会真正变得伟大起来。我们可以把一片风景看作一幅活动的图画，而对于不像活动的图画那么伟大的东西不能感到满足；我们可以把地平线上的热带的云看作一个舞台的背景，而对于不像舞台的背景那么伟大的东西不能感到满足；我们可以把山林看作私人花园，而对于不成为私人花园的东西不能感到满足；我们可以把怒吼的波涛当作音乐会，而对于不成为音乐会的东西不能感到满足；我们可以把山上的微风看作冷气设备，而对于不成为冷气设备的东西不能感到满足。这样我们便变得伟大起来，像大地和苍穹那么伟大。正如中国一位最早期的浪漫主义者阮籍（公元210—263）所描写的"大人先生"一样，我们以"天地为所"。

我一生所看见的最美妙的"奇观"，是一晚在印度洋上出现的。那真伟大。那舞台有一百英里阔，三英里高。在这舞台上，大自然演了一出长达半小时的戏剧，有时是庞大的龙、恐龙和狮子，在天空移动着——狮头胀大起来，狮鬃伸展开去，龙背弯着，扭动着，蜷曲着！——有时是一队队的穿白色制服的兵士，穿灰色制服的兵士，和佩着金黄色的肩章的军官，踏步前进，发生战斗，最后又退却了，那些穿白色制服的兵士突然换上了橙黄色的制服，那些穿灰色制服的兵士似乎换上了紫色制服，而背景却满布着火焰般的金黄的红色。后来当大自然的舞台技师把灯光渐渐弄暗时，那紫色军把那橙黄色军征服了，吞没了，变成更深的红紫色和灰色，在最后五分钟里表现着一片不可言状的悲剧和黑暗的灾难的奇观，然后所有的光线才消灭了去。我观看这出一生所看见的最伟大的戏剧，并没有花费一个铜板。

此外还有静默的山，那种静默是有治病的功效的——那些静默的山峰，静默的石头，静默的树木，一切是静默而且雄伟的。每座作围绕之状的佳山都是疗养院。一个人像婴孩那样地偎依在它的怀中时，是觉得很舒服的。我不相信基督教科学，可是我却相信那些伟大的老树和山中胜地的精神治疗力量，这些东西不是要治疗一根折断了的肩骨或一块受传染的皮肤，而是要治疗肉体上的野心和灵魂上的疾病——盗窃病、狂妄自大病、自我中心病、精神上的口臭病、债券病、证券病、"统治他人"的病、战

论伟大

争神经病、忌诗神经病、挟嫌、怨恨、社交上的展览欲、一般的糊涂以及各色各样道德上的不调和。

（选自《林语堂散文》）

神秘信物

——少女与贝

韦 伶

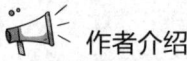

作者介绍

韦伶，儿童文学作家。

著有长篇小说《幽秘花园》《山鬼之谜》；短篇小说集《叶上花树》《那个夜，迷失在深夏古镇中》；散文集《走神女孩》《绿人笔记》；童话《月光小店》等。

那是我上椰林岛的第三天。

我躺在沙滩上。上面是蓝得透明不见底的天，下面是黄得发白的沙粒。我的头枕着那棵巨蟒一样从空中垂下来爬向海边的椰树干。斑斓的阳光从椰树间漏下来，犹豫不决地在我身上绣着移动的叶影。我一动不动地躺着，我希望它把我纹成一只贝壳。

有虫子在咬着我的背。我想我身上应该散发出一种奇香，来驱散那些虫子，不然它们妄想把我咬成一具空壳，就像海滩上躺

着的那些贝壳的空壳一样。太阳平静地晒着那些贝壳，海的四周弥漫着莫可名状的静谧，你真不清楚这个景致是现在、过去还是未来。

海在阳光下吐气、波动，巨大而又深奥。它如同月亮和荒漠一样，勾我的魂又令我不可接近。

我感到一种被淡忘被遗失的空落，就掏出笔来，写了个纸条。

海！你应该看到，偌大的海滩上，有个女孩，就只一个，娇小、幽美，穿着鲜艳的长裙。她是从遥远的山中第一次到这里来，她在你的身边就像开着的一朵花。

我爬起来，脱去鞋子，在沙滩上对着海面跳了一个舞。我的裙子旋转起来就像为海开放的一朵花。我把纸条投到了海里。

海水一浪一浪地把纸条载走了，我跑回岸上。我希望那信不会很快地被鱼吞掉，我希望它有许许多多的读者。

走回沙滩的时候，我发现那棵巨蟒一样的椰树下，出现了一个蘑菇一样的棕黑色的当地男孩。他就坐在我刚才躺着的地方，眼睛骨碌碌地盯着我。

我犹豫了一下，走了过去。我说，这里有一双我的鞋子。

男孩从身后拖出一双湿浸浸有着海盐粒的凉鞋，提在我的光脚前：“潮水，把它们卷到那里了。”他指着稍远处的沙滩。他的语音古怪，我很吃力地猜出他说的意思。

谢谢你，抢救了我的鞋子。

蘑菇男孩笑一笑，站起身，把位子还给我。可他并不走开，奇怪地在我眼前晃动着一只拳头。

我望着他。什么？他就展开了那只拳头。在黑猩猩一样的掌心里，盛着好些五光十色的小贝壳！

这样美丽的贝壳，非常贵重，沙滩根本拾不到，我想他是从深海里捞来的。

我琢磨着他的用意。我摇摇头：不，我没有带钱。

"送给你啦！"他嘀咕，把一捧贝壳放在我的凉鞋里，一晃一晃地摊着手臂走了。他的蘑菇脑袋向前倾着，在太阳下蒸汽似的消失在椰树丛林中。

望着他消失的地方，回头再看看凉鞋，我真怕那些贝壳会随着男孩身影的消失而消失了。可它们还在那里，实实在在，发着亮光可爱地拥挤在鞋内。我欣喜万分，小心捧到手里，清点着这些从天而降的宝贝。太漂亮了！我有了如此漂亮的玩意儿！——这时候，我在其中发现了它，那只奇怪的没有亮光的贝壳，我主要就是要对你说这个。

它像五分硬币一样大，如空心的扣子似的，是个不规则的圆形。它有白骨头那样的颜色和质地，很薄，差不多跟纸那样。它较脆，极易被碰破。

我要说的是，在这白白小小的薄贝壳上，我看到一圈清楚精致的镂空花边！那镂空的花纹丝线一般细，是些六瓣的细瓣花图案，一朵朵在贝壳上列成一圈标准的连续纹样。圆心一朵较大的花，是镂空成细细的六瓣。

至今我也想不明白，海里怎么会有这样的东西！在这死去的海生物壳上，呈现出来的美术规律和雕刻功夫，胜过了人类最精致的工艺品。想一想啊，那样薄、那样脆的壳上，布满如丝一样细微的镂空花儿，线条清晰均匀，而且是那种六瓣花！

真的，它非常的不可思议。是谁制作了这东西？它是什么？

它是不是从海里来？我望一望天，碧蓝碧蓝的天上，云急剧地聚着又急剧地散着，变幻莫测。我想起了关于飞碟、关于天外来客等等传说。

我把贝壳放在鼻尖闻一闻，是的，是大海的味。我又望一望大海，海仍然在那里波动，仍然喘息不已。一片茫茫的海水下面，谁也不知在发生着什么生长着什么。

我把贝壳托在手心，我有一种说不出来的感觉，我想我摸到了上帝的东西。我的眼里蒙上了些泪水。

我用自己一根长长的发丝，系上这只贝壳，然后将它戴在脖子上。从此我有一件护身符了。那黑黑的发丝，仿佛是天生用来配这只小小的白贝壳的。

椰林岛的故事基本上到此为止了。我还想告诉你，后来我戴着这只贝壳项链，乘船乘车回到了山里。一路上，那贝壳招来的许许多多的眼光就不用提了。当我回到家，第一件事便是去找我的生物老师。请不要笑，我在心里几乎就把他当成了一个神。

我说我到海边去了，我得到了这个。我伸长脖子，等待他的眼睛睁大。

他毫无反应。得到了什么？我用手一摸——天啊，那只贝壳没有了！它碎了！发丝上只留着米那样小的一块残片。

我心跳不已地拉下那根发丝，指着残片，对他描述这只贝壳本来的模样，以及得到它的故事。我一遍遍地问：你信不信？信不信？

他仔细地观察那片残骸，他说，我信。

——那么，告诉我这贝壳是怎么回事！

他眼睛盯着一只水杯：海是地球上最早酝酿生命的地方，我们还不了解它全部的秘密。海向人类掩盖起自己，却一丝不掩地对应着天，海与天有着神秘的交往和呼应。

他望望我，微微笑道："海虽博大得不可企及，却不乏温柔——它读了你的信，就回赠你一件礼物，这说明海多么细心地爱着女孩。"

不管怎样，我愿相信这话，相信那些贝壳是海给我的回信，它派了蘑菇男孩送了它们来。

我把那块白色残片藏到一个山洞里。每当星明月朗的夜晚，我爱戴上它，坐到山顶上去。这时候，我同那块贝壳都浸泡入了一片无垠的大水之中。

（选自 1992 年《少年文艺》"江苏"第 2 期）

神秘信物

拣麦穗

张 洁

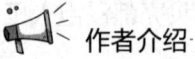 作者介绍

　　张洁，当代著名女作家。

　　代表作有《爱，是不能忘记的》《祖母绿》《沉重的翅膀》《无字》；长篇散文《世界上那个最爱我的人去了》等。

　　在农村长大的姑娘，谁不熟悉拣麦穗的事呢?

　　我要说的，却是几十年前拣麦穗的那段往事。

　　月残星疏的清晨，挎着一个空荡荡的篮子，顺着田埂上的小路走去拣麦穗的时候，她想的是什么呢?

　　在那夜雾腾起的黄昏，趟着沾着露水的青草，挎着装满麦穗的篮子，走回破旧的窑洞的时候，她想的是什么呢?

　　唉，她能想什么呢!

　　假如你没在那种日子里生活过，你永远不能想象，从这一粒粒丢在地里的麦穗上，会生出什么样的幻想。

她拼命地拣呐，拣呐，一个收麦子的季节，能拣上一斗？她把这麦子换来的钱积攒起来，等到赶集的时候，扯上花布，买上花线，然后她剪呀，缝呀，绣呀……也不见她穿，也不见她戴。谁也没和谁合计过，谁也没找谁商量过，可是等到出嫁的那一天，她们全会把这些东西，装进新嫁娘的包裹里去。

不过当她们把拣麦穗时所伴的幻想，一同包进包裹里去的时候，她们会突然感到那些幻想全部变了味儿，觉得多少年来她们拣呀、缝呀、绣呀实在是多么傻啊！她们要嫁的那个男人，和她们在拣麦穗、扯花布、绣花鞋的时候所幻想的那个男人，有着多么大的不同啊！但是，她们还是依依顺顺地嫁了出去，只不过在穿戴那些衣物的时候，再也找不到做它、缝它时的那种心情了。

这算得了什么呢？谁也不会为她们叹一口气，表示同情。谁也不会关心她们还曾经有过幻想。连她们自己也甚至不会感到过分的悲伤，顶多不过像是丢失了哪一个美丽的梦。有谁见过哪一个人会死乞白赖地寻找一个梦呢？

当我刚刚能够歪歪咧咧地提着一个篮子跑路的时候，我就跟在大姐姐身后拣麦穗了。那篮子显得太大，总是磕碰着我的腿和地面，闹得我老是跌跤。我也很少有拣满一个篮子的时候，我看不见田里的麦穗，却总是看见蚂蚱和蝴蝶，而当我追赶它们的时候，拣到的麦穗，还会从篮子里重新掉回地里去。

有一天，二姨看着我那盛着稀稀拉拉几个麦穗的篮子说："看看，我家大雁也会拣麦穗了。"然后，她又戏谑地问我："大雁，告诉二姨，你拣麦穗做啥？"我大言不惭地说："我要备嫁妆哩！"

二姨贼眉贼眼地笑了，还向围在我们周围的姑娘、婆姨们眨

了眨她那双不大的眼睛:"你要嫁谁嘛!"

是呀,我要嫁谁呢?我忽然想起那个卖灶糖的老汉。我说:"我要嫁那个卖灶糖的老汉!"

她们全都放声大笑,像一群鸭子一样嘎嘎地叫着。笑啥嘛!我生气了。难道做我的男人,他有什么不体面的地方吗?

卖灶糖的老汉有多大年纪了?我不知道。他脸上的皱纹一道挨着一道,顺着眉毛弯向两个太阳穴,又顺着腮帮弯向嘴角。那些皱纹,给他的脸上增添了许多慈祥的笑意。当他挑着担子赶路的时候,他那剃得像半个葫芦样的后脑勺上的长长的白发,便随着颤悠悠的扁担一同忽闪着。

我的话,很快就传进了他的耳朵。

那天,他挑着担子来到我们村,见到我就乐了。说:"娃呀,你要给我做媳妇吗?"

"对呀!"

他张着大嘴笑了,露出了一嘴的黄牙。他那长在半个葫芦样的头上的白发,也随着笑声一齐抖动着。"你为啥要给我做媳妇呢?"

"我要天天吃灶糖哩!"

他把旱烟锅子朝鞋底上磕着:"娃呀,你太小哩。"

"你等我长大嘛!"

他摸着我的头顶说:"不等你长大,我可该进土啦。"

听了他的话,我着急了。他要是死了,那可咋办呢?我那淡淡的眉毛,在满是金黄色的茸毛的脑门上,拧成了疙瘩。我的脸也皱巴得像个核桃。

他赶紧拿块灶糖塞进了我的手里。看着那块灶糖,我又咧着嘴笑了："你别死啊，等着我长大。"

他又乐了。答应着我："我等你长大。"

"你家住哪哒呢？"

"这担子就是我的家，走到哪哒，就歇在哪哒！"

我犯愁了："等我长大，去哪哒寻你呀！"

"你莫愁，等你长大，我来接你！"

这以后，每逢经过我们这个村子，他总是带些小礼物给我。一块灶糖，一个甜瓜，一把红枣……还乐呵呵地对我说："看看我的小媳妇来呀！"

我呢，也学着大姑娘的样子——我偷偷地瞧见过——要我娘找块碎布，给我剪了个烟荷包，还让我娘在布上描了花。我缝呀，绣呀……烟荷包缝好了，我娘笑得个前仰后合，说那不是烟荷包，皱皱巴巴，倒像个猪肚子。我让我娘给我收了起来，我说了，等我出嫁的时候，我要送给我男人。

我渐渐地长大了。到了知道认真地拣麦穗的年龄了。懂得了我说过的那些个话，都是让人害臊的话。卖灶糖的老汉也不再开那玩笑——叫我是他的小媳妇了。不过他还是常带些小礼物给我。我知道，他真疼我呢。

我不明白为什么，我倒真是越来越依恋他，每逢他经过我们村子，我都会送他好远。我站在土坎坎上，看着他的背影，渐渐地消失在山坳坳里。

年复一年，我看得出来，他的背更弯了，步履也更加蹒跚了。这时，我真的担心了，担心他早晚有一天会死去。

有一年，过腊八的前一天，我约莫着卖灶糖的老汉，那一天该会经过我们村。我站在村口上一棵已经落尽叶子的柿子树下，朝沟底下的那条大路上望着，等着。那棵柿子树的顶梢梢上，还挂着一个小火柿子。小火柿子让冬日的太阳一照，更是红得透亮。那个柿子多半是因为长在太高的树梢上，才没有让人摘下来。真怪，可它也没让风刮下来，雨打下来，雪压下来。

路上来了一个挑担子的人。走近一看，担子上挑的也是灶糖，人可不是那个卖灶糖的老汉。我向他打听卖灶糖的老汉，他告诉我，卖灶糖的老汉老去了。

我仍旧站在那棵柿子树下，望着树梢上的那个孤零零的小火柿子。它那红得透亮的色泽，依然给人一种喜盈盈的感觉。可是我却哭了，哭得很伤心。哭那陌生的，却疼爱我的卖灶糖的老汉。

后来，我常想，他为什么疼爱我呢？无非我是一个贪吃的，因为生得极其丑陋而又没人疼爱的小女孩吧？等我长大以后，我总感到除了母亲以外，再也没有谁能够像他那样朴素地疼爱过我——没有任何希求，没有任何企望的。

我常常想念他，也常常想要找到我那个像猪肚子一样的烟荷包。可是，它早已不知被我丢到哪里去了。

（选自《阑珊集》）

女孩子的花

唐　敏

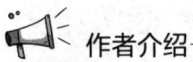 作者介绍

　　唐敏，当代作家。

　　著有长篇小说《诚》《圣殿》《红瘦》；散文集《女孩子的花》《纯净的落叶》等。

　　相传水仙花是由一对夫妻变化而来的。丈夫名叫金盏，妻子名叫百叶。因此水仙花的花朵有两种，单瓣的叫金盏，重瓣的叫百叶。

　　"百叶"的花瓣有四重，两重白色的大花瓣中夹着两重黄色的短花瓣。看过去既单纯又复杂，像闽南善于沉默的女子，半低着头，眼睛向下看的。悲也默默，喜也默默。

　　"金盏"由六片白色的花瓣组成一个盘子，上面放一只黄花瓣团成的酒盏。这花看去一目了然，确有男子干脆简单的热情。特别是酒盏形的花蕊，使人想到死后还不忘饮酒的男人的豪情。

要是他们在变成花朵之前还没有结成夫妻，百叶的花一定是纯白的，金盏也不会有洁白的托盘。世间再也没有像水仙花这样体现夫妻互相渗透的花朵了吧？常常想象金盏喝醉了酒来亲昵他的妻子百叶，把酒气染在百叶身上，使她的花朵里有了黄色的短花瓣。百叶生气的时候，金盏端着酒杯，想喝而不敢，低声下气过来讨好百叶。这样的时候，水仙花散发出极其甜蜜的香味，是人间夫妻和谐的芬芳，弥漫在迎接新年的家庭里。

刚刚结婚，有没有孩子无所谓。只要有一个人出差，另一个就想方设法跟了去。炉子灭掉、大门一锁，无论到多么没意思的地方也是有趣的。到了有朋友的地方就尽兴地热闹几天，留下愉快的记忆。没有负担的生活，在大地上溜来逛去，被称作"游击队之歌"。每到一地，就去看风景，钻小巷走大街，袭击眼睛看得到的风味小吃。

可是，突然地、非常地想要得到唯一的"独生子女"。

冬天来临的时候，开始养育水仙花了。

从那一刻起，把水仙花看作是自己孩子的象征了。

像抽签那样，在一堆价格最高的花球里选了一个。

如果开"金盏"的花，我将有一个儿子；

如果开"百叶"的花，我会有一个女儿。

用小刀剖开花球，精心雕刻叶茎。一共有六个花苞。看着包在叶膜里像胖乎乎婴儿般的花蕾，心里好紧张。到底是儿子还是女儿呢？

我希望能开出"金盏"的花。

从内心深处盼望的是男孩子。

绝不是轻视女孩子。而是无法形容地疼爱女孩子。

爱到根本不忍心让她来到这个世界。

因为我不能保证她一生幸福，不能使她在短暂的人生中得到最美的爱情。尤其担心她的身段容貌不美丽而受到轻视，假如她奇丑无比却偏偏又聪明又善良，那就注定了她的一生将多么痛苦。

而男孩就不一样。男人是泥土造的，苦难使他们坚强。

"上帝"用泥土创造了男人，却用男人的肋骨造出了女人。肋骨上有新鲜的血和肉，只要轻轻一碰就会痛彻心肠。因此，女子连最微小的伤害也是不能忍受的。

从这个意义来说，女子是一种极其敏锐和精巧的昆虫。她们的触角、眼睛、柔软无骨的躯体，还有那艳丽的翅膀，仅仅是为了感受爱、接受爱和吸引爱而生成的。她们最早预感到灾难，又最早在灾难的打击下夭亡。

一天和朋友在咖啡座小饮。这位比我多了近十年阅历的朋友说：

"男人在爱他喜欢的女人的过程中感到幸福。他感到美满是因为对方接受他为她做的每件事。女人则完全相反，她只要接受爱就是幸福。如果女人去爱去追求她喜欢的男子，那是顶痛苦的事，而且被她爱的男人也就没有幸福的感觉了。这是非常奇妙的感觉。"

在茫茫的暮色中，从座位旁的窗口望下去，街上的行人如水，许多各种各样身世的男人和女人在匆匆走动。

"一般来说，男子的爱比女子长久。只要是他寄托过一段情感的女人，在许多年之后向他求助，他总是会尽心地帮助她的。男人并不太计较那女的从前对自己怎样。"

那一霎间我更加坚定了要生儿子的决心。男孩不仅仅天生比女孩能适应社会、忍受困苦，而且是女人幸福的源泉。我希望我的儿子至少能以善心厚待他生命中的女人，给她们短暂人生中永久的幸福感觉。

"做男人最大的缺点就是，没有办法珍惜他不喜欢的女人对他的爱慕。这种反感发自真心一点不虚伪，他们忍不住要流露出对那女子的轻视。轻浮的少年就更加过分，在大庭广众下伤害那样的姑娘。这是男人邪恶的一面。"

我想到我的女儿，如果她有幸免遭当众的羞辱，遇到一位完全懂得尊重她感情的男人，却把尊重当成了对她的爱，那样的悲哀不是更深吗？在男人，追求失败了并没有破坏追求时的美感；在女人，则成了一生一世的耻辱。

怎么样想，还是不希望有女孩。

用来占卜的水仙花却迟迟不开放。

这棵水仙长得从未有过的结实，从来没晒过太阳也绿葱葱的，虎虎有生气。

后来，花蕾冲破包裹的叶膜，像孔雀的尾巴一样张开来，六只绿孔雀停在一块。

每一个花骨朵都胀得满满的，但是却一直不肯开放。

到底是"金盏"还是"百叶"呢？

弗洛伊德的学说已经够让人害怕了，婴儿在吃奶的时期起就有了爱欲。而一生的行为都受着情欲的支配。

偶然听佛学院学生上课，讲到佛教的"缘生"说。关于十二因缘，就是从受胎到死的生命的因果律，主宰一切有形和无形的生命与精神变化的力量是情欲。不仅是活着的人对自身对事物的感受着情欲的支配，就连还没有获得生命形体的灵魂，也受着同样的支配。

　　生女儿的，是因为有一个女的灵魂爱上了做父亲的男子，投入他的怀抱，化做了他的女儿；

　　生儿子的，是因为有一个男的灵魂爱上了做母亲的女子，投入她的怀抱，化做她的儿子。

　　如果我到死也没有听到这种说法，脑子里就不会烙下这么骇人的火印。如今却怎么也忘不了了。

　　回家，我问我的郎君，"要男孩还是女孩?"

　　"女孩!"他毫不犹豫地回答。

　　"男孩!"我气极了!

　　"为什么?"他奇怪了。

　　我却无从回答。

　　就这样，在梦中看见我的水仙花开放了。

　　无比茂盛，是女孩子的花，满满地开了一盆。

　　我失望得无法形容。

　　开在最高处的两朵并在一起的花说：

　　"妈妈不爱我们，那就去死吧!"

　　她们俩向下一倒，浸入一盆滚烫的开水中。

　　等我急急忙忙把她们捞起来，并表示愿意带她们走的时候，她们已经烫得像煮熟的白菜叶子一样了。

过了几天，果然是女孩子的花开放了。

在短短的几天内，她们拼命地怒放开所有的花朵。也有一枝花茎抽得最高的，在这簇花朵中，有两朵最大的花并肩开放着。和梦中不同的，她们不是抬着头的，而是全部低着头，像受了风吹，花向一个方向倾斜。抽得最长的那根花茎突然立不直了，软软地东倒西歪。用绳子捆，用铅笔顶，都支不住。一不小心，这花茎就啪地倒下来。

不知多么抱歉，多么伤心。终日看着这盆盛开的花。

它发出一阵阵锐利的芬芳，香气直钻心底。她们无视我的关切，完全是为了她们自己在努力地表现她们的美丽。

每朵花都白得浮悬在空中，云朵一样停着。其中黄灿灿的花瓣，是云中的阳光。她们短暂的花期分秒流逝。

她们的心中在鄙视我。

我的郎君每天忙着公务，从花开到花谢，他都没有关心过一次，更没有谈到过她们。他不知道我的鬼心眼。

于是这盆女孩子的花就更加显出有多么的不幸了。

她们的花开盛了，渐渐要凋谢了，但依然美丽。

有一天停电，我点了一支蜡烛放在桌上。

当我从楼下上来时，发现蜡烛灭了，屋内漆黑。

我划亮火柴。

是水仙花倒在蜡烛上，把火压灭了。是那支抽得最高的花茎倒在蜡烛上。和梦中的花一样，她们自尽了。

蜡烛把两朵水仙花烧掉了，每朵烧掉一半。剩下的一半还是那样水灵灵地开放着，在半朵花的地方有一条黑得发亮的墨线。

我吓得好久回不过神来。

这就是女孩子的花,刀一样的花。

在世上可以做许多错事,但绝不能做伤害女孩子的事。

只剩了养水仙的盆。

我既不想男孩也不想女孩,更不做可怕的占卜了。

但是我命中的女儿却永远不会来临了。

1986 年 3 月妇女节写于厦门

(选自 1986 年《福建文学》第 7 期)

种一片太阳花

李天芳

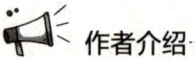

作者介绍

李天芳，当代作家。

著有长篇小说《月亮的环形山》；中短篇小说集《偶然》
《爱的未知数》；散文集《延安散记》《山连着山》《南飞雁》
《李天芳近作选》《李天芳散文选》《种一片太阳花》《绿酒杯》
《李天芳作品精选》等。

差不多没有人不喜爱花，但谙于花道、又长于种花的人并不
多。我就是个只爱花，而不会养花的人。

这原因也许是多方面的。年幼时，生养我的家乡，是个草
木落地生根的地方，常年四季、所到之处都有鲜花开放。成年以
后，在北方的山野为民，虽然寒冷的气候和瘠薄的土地，都不利
于绿色生命的繁衍，但出门是田地，举目是山坡，夏花秋叶还是
比比皆是。

来到机关后，山川和土地远了。机关的四合院，构筑方整，屋舍俨然。半世纪前，据说曾经是大军阀的公馆。为了舒适，也为了阔气，室内的地用木板镶了，室外的地用青砖铺了。偌大的一个院子里，竟难找到五谷和花草赖以生长的泥土。

春天，别处的草青了，树绿了，这里，映进眼帘的却是一片单调的砖瓦色；夏天，烈日当空，砖铺的院地像火炉那样散发着热，叫人焦躁难忍。此情此景，促人强烈地生起对于色彩的渴望。渴望郁郁葱葱的树，斑斓多姿的花。

有这念头的似乎还不止我。于是大家动手，揭掉砖头，垒起花墙，收拾出一块长方形的花圃。

种什么呢？我和同事们面对一方泥土，七嘴八舌地讨论起来，认定不能太娇，也不能太雅，太娇太雅都不是我们服侍得了的。末了，一致地想到太阳花。

银粒儿一般的种子撒下去以后，天天有人俯着身子瞅它、盼它。可是大半月过去了，竟丝毫没有动静。有人说种早了，有人说埋深了。正在各种判断莫衷一是时，它破土而出了。

新出的芽儿，细得像针，红得像土，几天之内，就抽出很圆的秆，细圆的叶。叶和秆都饱和着碧绿的汁液，嫩得不敢碰。很快的，叶叶秆秆密密麻麻连成一片，像法兰绒一般，厚厚地铺了一地。

当案头的文稿看得双目昏花时，走到院里来，看一看这绿茵可爱的太阳花，对于困倦的眼睛，是一种极好的休息。

一天清晨，太阳花开了。在一层滚圆的绿叶上边，闪出三朵小花。一朵红，一朵黄，一朵淡紫色。乍开的花儿，像彩霞那么艳丽，像宝石那么夺目。在我们宁静的小院里，激起一阵惊喜，

一片赞叹。

三朵花是信号，号音一声，跟在后边的便一发而不可挡。大朵、小朵、单瓣、复瓣，红、黄、蓝、紫、粉一齐开放。一块绿色的法兰绒，转眼间，变成缤纷五彩的锦缎。连那些最不爱花的人，也经不住这美的吸引，一得空暇，就围在花圃跟前，欣赏起来。

从初夏到深秋，花儿经久不衰。一幅锦缎，始终保持着鲜艳夺目的色彩。起初，我们以为，这经久不衰的原因，是因为太阳花喜爱阳光，特别能够经受住烈日的考验。不错，是这样的。在夏日暴烈的阳光下，牵牛花偃旗息鼓，美人蕉慵倦无力，富贵的牡丹，也会失去神采。只有太阳花对炎炎赤日毫无保留，阳光愈是炽热，它开得愈加热情，愈加兴盛。

但看得多了，才注意到，作为单独的一朵太阳花，其生命却极为短促。朝开夕谢，只有一日。因为开花的时光这么短，这机会就显得格外宝贵。每天，都有一批成熟了的花蕾在等待开放。日出前，这包裹得严严紧紧，看不出一点要开的意思，可是一见阳光，就即刻开放。花瓣苏醒似地，徐徐地向外伸张，开大了，开圆了……这样一个开花的全过程，可以在人的注视之下，迅速完成。此后，它便贪婪地享受阳光，尽情地开去。待到夕阳沉落时，花瓣儿重新收缩起来，这朵花便不再开放。第二天，迎接朝阳的将完全是另一批新的，成熟了的花蕾。

这新陈交替多么活跃，多么生动！也许正是因为这一点，太阳花在开花的时候，朵朵都是那样精神充沛、不遗余力。尽管单独的太阳花，生命那么短促，但从整体上，它们总是那样灿烂多姿，生机勃勃。

人们还注意到，开完的太阳花并不消沉，并不意懒。在完成开花之后，它们将腾出空隙，把承受阳光的最佳方位，让给新的花蕾，自己则闪在一旁，聚集精华，孕育后代，把生命延续给未来。待到秋蕾肃杀时，它已经把银粒一般的种子，悄悄地撒进泥土。第二年，冒出的将是不计其数的新芽。

太阳花的欣赏者们，似在这里发现了一个世界，一个科学的、合理的、公平的世界。他们像哲学家那样，发出呼喊和感叹：太阳花的事业，原来是这样兴旺发达，繁荣昌盛的呵！

太阳花给予的启迪，无疑是有益的。

为了这，我们院里的劳动者们说，来年春暖时分，还要种一片太阳花！

（选自 1981 年 12 月 24 日《人民日报》）

种一片太阳花

那 树

王鼎钧

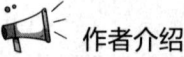

作者介绍

王鼎钧,当代著名作家、学者。

著有抒情散文《情人眼》《碎琉璃》《活到老,真好》《海水天涯中国人》《山里山外》等;小品《开放的人生》《人生试金石》等。

那棵树立在那条路边已经很久很久了,当那路还只是一条泥泞的小径时,它就立在那里;当这里驶过第一辆汽车之前,它就立在那里;当这一带只有稀稀落落几处老式平房时,它就立在那里。

那树有一点皱皱,露出老态,但是坚固稳定,树顶像刚炸开的焰火一样繁密。认识那棵树的人都说,有一年,台风连吹两天两夜,附近的树全被吹断,房屋也倒坍了不少,只有那棵树屹立不摇。而且,据说,连一根树叶都没有掉下来。这真令人难以置信。可是，据说，当这一带还没有建造新式公寓之前，陆上台风紧急警报声中，总有人到树干上漩涡形的洞里插一炷香呢！

那的确是一株坚固的大树，霉黑潮湿的皮肤上有隆起的筋和纵裂的纹，像生铁铸就的模样。几尺以外的泥土下，还看得出有树根的伏脉。在夏天的太阳下挺着脖子急走的人，会像猎犬一样奔到树下，吸一口浓荫，仰脸看千掌千指托住阳光，看指缝间漏下来的碎汞。有时候，的确，连树叶也完全静止。

于是鸟来了，鸟叫的时候，几米外幼稚园里的孩子也在唱歌。

于是情侣止步，夜晚，树下有更黑的黑暗。

于是那树，那沉默的树，暗中伸展它的根，加大它所能荫庇的土地，一厘米一厘米的向外。

但是，这世界上还有别的东西，别的东西延伸得很快，柏油一里一里铺过来，高压线一千码一千码架过来，公寓楼房一排一排挨过来。所有原来在地面上自然生长的东西都被铲除，被连根拔起。只有那树还绿，那树被一重又一重死鱼般的灰白色包围，连根须都被压路机辗进灰色之下，但树顶仍在雨后滴翠，经过速成的建筑物衬托，绿得很年轻。公共汽车在树旁插了站牌，让下车的人好在树下从容撑伞。入夜，毛毛细雨比猫步还轻，跌进树叶里汇成敲响路面的点点滴滴，泄漏了秘密，很湿，也很诗。那树被工头和工务局里的科员端详过计算过无数次，任他依然绿着。

计程车像饥蝗拥来。"为什么这儿有一棵树呢？"一个司机喃喃。"而且是这么老这么大的树。"乘客也喃喃。在车轮扬起的滚滚黄尘里，在一片焦躁恼怒的喇叭声里，那一片清荫不再有用

那
树

处。公共汽车站搬了，搬进候车亭。水果摊搬了，搬到行人能悠闲的停住的地方。幼稚园也要搬，看何处能属于孩子。只有那树屹立不动，连一片叶也不落下。那一蓬叶子照旧绿，绿得很问题。

啊！啊，树是没有脚的。树是世袭的土著，是春泥的效死者。树离根根离土树即毁灭。它们的传统是引颈受戮，即使是神话作家也不曾说森林逃亡。连一片叶也不逃走，无论风力多大。任凭头上已飘过十万朵云，地上叠过百万个脚印。任凭那在枝丫间跳远的鸟族已换了五十代子孙。任凭鸟的子孙已栖息每一座青山。当幼苗长出来，当上帝伸手施洗，上帝曾说："你绿在这里，绿着生，绿着死，死复绿。"啊！所以那树，冒死掩覆已失去的土地，作徒劳无用的贡献，在星空下仰望上帝。

这天，一个喝醉了的驾驶者以七十英里的速度对准树干撞去。于是人死。于是交通专家宣判那树要偿命。于是这一天来了，电锯从树的踝骨咬下去，嚼碎，撒了一圈白森森的骨粉，那树仅仅在倒地时呻吟了一声。这次屠杀排在深夜进行，为了不影响马路上的交通。夜很静，像树的祖先时代，星临万户，天象庄严，可是树没有说什么，上帝也没有。一切预定，一切先有默契，不再多言。与树为邻的一位老太太偏说她听见老树叹气，一声又一声，像严重的气喘病。伐树的工人什么也没听见，树缓缓倾斜时，他们只发现一件事：原来藏在叶底下的那盏路灯格外明亮，马路豁然开旷，像拓宽了几尺。

尸体的肢解和搬运连夜完成。早晨，行人只见地上有碎叶，叶上每一平方厘米仍绿。绿世界的残存者已不复存，它果然绿着生、绿着死。缓缓的，路面染上旭辉，缓缓的，清道妇一路挥帚出现。她们戴着斗笠，包着手臂，是树的亲戚。扫到树根，她们围着年轮站定，看那一圈又一圈的风雨图，估计根有多大，能分裂成多少斤木柴。一个她说：昨天早晨，她扫过这条街，树仍在，住在树干里的蚂蚁大搬家，由树根到马路对面流成一条细细的黑河。她用作证的语气说，她从没有见过那么多蚂蚁，那一定是一个蚂蚁国。她甚至说，有几个蚂蚁像苍蝇一般大。她一面说，一面用扫帚划出大移民的路线，汽车的轮胎几次将队伍切成数段，但秩序毫不紊乱。对着几个睁大了眼睛的同伴，她表现了乡村女子特殊的丰富见闻。老树是通灵的，它预知被伐，将自己的灾祸先告诉体内的寄居者。于是小而坚韧的民族决定远征，一如当初它们远征而来。每一个黑斗士离巢时先在树干上绕行一匝，表示了依依不舍。这是那个乡下来的清道妇说的。这就是落幕了，她们来参加了树的葬礼。

两星期后，根被挖走了，为了割下这颗生满虬须的大头颅，刽子手贴近它做成陷阱，切断所有的动脉静脉。时间仍然是在夜间，这一夜无星无月，黑得像一块仙草冰，他们带利斧和美制的十字镐来，带工作灯来，人造的强光把举镐挥斧的影子投射在路面上，在公寓二楼的窗帘上，跳跃奔腾如巨无霸。汗水赶过了预算数，有人怀疑已死未朽之木还能顽抗。在陷阱未填平之前，车辆改道，几个以违规为乐的摩托车骑士跌进去，抬进医院。不过这一切都过去了，现在，日月光华，周道如砥，已无人知道有过这么一棵树，更没有人知道几千条断根压在一层石子一层沥青又一层柏油下闷死。

（选自《王鼎钧散文》）

那树

171

读书的意义

俞平伯

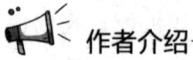

作者介绍

俞平伯，现代诗人、作家、红学家，与胡适并称"新红学派"的创始人。他提倡"诗的平民化"，"要恢复诗的共和国"，是新文化运动初期的重要诗人。

著有诗集《冬夜》《西还》《忆》；词学著作《读词偶得》《古槐书屋词》；散文集《杂拌儿》《燕知草》《杂拌儿之二》《古槐梦遇》《燕郊集》等。

古人云："读万卷书，行万里路。"这不仅有关联，是一桩事情的两种看法而已。游历者，活动的书本。读书则曰卧游，山川如指掌，古今如对面，乃广义的游览。现在，因交通工具的方便，走几万里路不算什么，读万卷书的日见其少了。当有种种的原因，最浅显的看法，是读书的动机环境空气无不缺乏。

讲到读书的真意义，于扩充知识以外兼可涵咏性情，修持道德，原不仅为功名富贵做敲门砖。即为功名富贵，依目下的情形，似乎不必定要读书，更无须借光圣经贤传，甚至于愈读书会愈穷，这无怪喜欢读书，懂得怎样读的人一天一天的减少了。读书空气的稀薄，读书种子的稀少，互为因果循环。

现在有一些人，你对他说身心性命则以为迂阔，对他说因果报应则以为荒谬，对他说风花雪月则以为无聊。不错，是迂阔，荒谬，无聊。你试问他，不迂阔，不荒谬，不无聊的是啥？他会有种种漂亮的说法。但你不可过于信他，他只是要钱而已。文言谓之好利。有一个故事，不见得靠得住，只可以算笑话。乾隆帝下江南，在金山寺登高，望见江中大大小小多多少少的船，戏问随銮的纪晓岚，共有几只。这原是难题，拿来开玩笑的，若回答说不知道，那未免煞风景。纪回答得好，臣只见两条船，一条为名，一条为利。在那时，这故事讽刺世情已觉刻露，但现在看来，不免古色古香。意存忠厚，应该对答皇帝道，只有一条船。

好利之心压倒一切，非一朝一夕之故。古人说："不以利为利，以义为利也。"以义为利是遥远的古话。退一步说，以名为利。然名利双收，话虽好听，利必不大。唯有不恤声名的干，以利为利，始专而且厚。道德名誉的观念本多半从书本中来，不恤声名与不好读书亦有相互的关联。

在这一味好利的空气中寻求读书乐，岂不难于上青天，除非我们把两者混合。假如我们能够立一种制度，使天下之俊秀求官位利禄之途必出于读书，近乎从前科举的办法，这或者还有人肯下十载寒窗的苦功，严格说来，这已失却读书的真意义，何况这制度的确立还遥遥无期。

现在有一种情形，这十年以来，说得远一点，二三十年以来都如此，就是国文程度显著的低落，别字广泛的流行着，在各级学校任教的，人人皆知，人人皱眉头痛，认为不大好办的事情。这严重的光景，不仅象征着读书阶级的崩溃，并直接或间接影响到民族的前途，国家的生长。

文字教育好像不算得什么。文字原不过白纸上画黑道，一种形迹而已，但文化却寄托在这形迹上。我们常夸说神州立国几千年，华夏提封数万里，这种时空的超卓并不必由于天赋，实半出于人为，皆先民积久辛勤努力所致，我们应如何欢喜惭愧，却不可有恃无恐。方块字的完整，艰深，固定，虽似妨碍文化知识的普及，亦正于无形之中维护国家的统一与永久。从时间说，我们读古书如《论》、《孟》，觉得孔子孟子似乎不太远，而杜工部苏东坡的诗文呢，他们两位活像我们的老前辈，这是方块文字不易变动之力。假如当初完全用音标文字，那不必提周秦两汉，就是唐宋，也就很遥远而隔膜，我们通解先民的情思比较困难，而华夏国本亦因而动摇不安。再从空间说，北自满洲，南迄岭海，虽分南北中三部，细分还有更多的区域，然而中国始终只是一个，譬如说广东话与北京话完全两样，而纸上文字完全一致。我国屡经外夷侵略，或暂被征服，而于风雨飘摇中始终屹立不失者，上面已表过是先民血汗的成绩，而在民族的团结上，文字确也帮忙不少。历史事实俱在，不容易否认的。

所以文字教育的失败，表面上看只是读书种子稀少，一般国文水准低落而已，骨子里已损害民族国家的前途，自非好作危言耸人听闻。废书不读可谓今日之流行病。用功的人难道没有？即有少数人的好学潜修也不足挽回这颓风。即以学校教育而论，听讲的时间每多于自修，而自修课业，有如太史公所谓好学深思心知其意者能有几人？我不敢轻量天下之士，武断地说或者不多罢。如何使人安心向学，对读书感到兴味，似是小事，却是牵连社会生计问题，譬如饿着肚子读书当然不成的，更有关于教育考试铨叙各制度的改革。我们从事教育写作文字的固责无旁贷，但已不仅是个人努力的事，而成为民族复兴国运重光的大业之一支了。

（选自 1946 年 1 月 14 日《大公报》）

"书读完了"

金克木

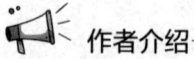
作者介绍

金克木，文学家、翻译家、学者，与季羡林、张中行、

邓广铭一起并称为"燕园四老"。

代表作有《梵语文学史》《印度文化论集》《比较文化论

集》等。

有人记下一条轶事，说，历史学家陈寅恪曾对人说过，他幼年时去见历史学家夏曾佑，那位老人对他说："你能读外国书，很好；我只能读中国书，都读完了，没得读了。"他当时很惊讶，以为那位学者老糊涂了。等到自己也老了时，他才觉得那话有点道理：中国古书不过是那几十种，是读得完的。说这故事的人也是个老人，他卖了一个关子，说忘了问究竟是哪几十种，现在这些人都下世了，无从问起了。

中国古书浩如烟海，怎么能读得完呢？谁敢夸这海口？是说胡话还是打哑谜？

我有个毛病是好猜谜，好看侦探小说或推理小说。这都是不登大雅之堂的，我却并不讳言。宇宙、社会、人生都是些大谜语，其中有日出不穷的大小案件；如果没有猜谜和破案的兴趣，缺乏好奇心，那就一切索然无味了。下棋也是猜心思，打仗也是破谜语和出谜语。平地盖房子，高山挖矿井，远洋航行，登天观测，难道不都是有一股子猜谜、破案的劲头？科学技术发明创造怎么能说全是出于任务观点、雇佣观点、利害观点？人老了，动弹不得，也记不住新事，不能再猜"宇宙之谜"了，自然而然就会总结自己一生，也就是探索一下自己一生这个谜面的谜底是什么。一个读书人，比如上述的两位史学家，老了会想想自己读过的书，不由自主地会贯穿起来，也许会后悔当年不早知道怎样读，也许会高兴究竟明白了这些书是怎么回事。所以我倒相信那条轶事是真的。我很想破一破这个谜，可惜没本领，读过的书太少。

据说 20 世纪的科学已不满足于发现事实和分类整理了，总要找寻规律，因此总向理论方面迈进。爱因斯坦在 1905 年和 1915 年放了第一炮，相对论。于是科学，无论其研究对象是自然还是社会，就向哲学靠拢了。哲学也在 20 世纪重视认识论，考察认识工具，即思维的逻辑和语言，而逻辑和数学又是拆不开的，于是哲学也向科学靠拢了。语言是思维的表达，关于语言的研究在 20 世纪大大发展，牵涉到许多方面，尤其是哲学。索绪尔在 1906 年到 1911 年的讲稿中放了第一炮。于是本世纪的前 80 年间，科学、哲学、语言学"搅混"到一起，无论对自然或人类社会都仿佛"条条大路通罗马"，共同去探索规律，也就是破谜。大至无限的宇宙，小至基本粒子，全至整个人类社会，分至个人语言心理，越来越是对不能直接用感官觉察到的对象进行探索了。现在还有十几年便到本世纪尽头，看来越分越细和越来越综合的倾向殊途同归，微观宏观相结合，21世纪学术思想的桅尖似乎已经在望了。

人的眼界越来越小，同时也越来越大，原子核和银河系仿佛成了一回事。人类对自己的生理和心理的了解也像对生物遗传的认识一样大非昔比了。工具大发展，出现了"电子计算机侵略人文科学"这样的话。上天，入海，思索问题，无论体力脑力都由工具而大大延伸、扩展了。同时，控制论、信息论、系统论的相继出现，和前半世纪的相对论一样影响到了几乎是一切知识领域。可以说今天已经是无数、无量的信息蜂拥而来，再不能照从前那样的方式读书和求知识了。人类知识的现在和不久将来的情况同一个世纪以前的情况大不相同了。

因此，我觉得怎样对付这无穷无尽的书籍是个大问题。首先是要解决本世纪以前的已有的古书如何读的问题，然后再总结本世纪，跨入下一世纪。今年进小学的学生，照目前学制算，到下一世纪开始刚好是大学毕业。他们如何求学读书的问题特别严重、紧急。如果到十九世纪末的几千年来的书还压在他们头上，要求一本一本地去大量阅读，那几乎是等于不要求他们读书了。事实正是这样。甚至于第二次世界大战前的本世纪的书也不能要求他们一本一本地读了。即使只就一门学科说也差不多是这样。尤其是中国的"五四"以前的古书，决不能要求青年到大学以后才去一本一本地读，而必须在小学和中学时期择要装进他们的记忆力尚强的头脑；只是先交代中国文化的本源，其他由他们自己以后照各人的需要和能力阅读。这样才能使青年在大学时期迅速进入当前和下一世纪的新知识（包括以中外古文献为对象的研究）的探索，而不致被动地接受老师灌输很多太老师的东西，消磨大好青春，然后到工作时期再去进业余学校补习本来应当在小学和中学就可学到的知识。一路耽误下去就会有补不完的课。原有的文化和书籍应当是前进中脚下的车轮而不是背上的包袱。读书应当是乐事而不是苦事。求学不应当总是补课和应考。儿童和青少年的学习应当是在时代洪流的中间和前头主动前进而不应当总是跟在后面追。仅仅为了得一技之长，学谋生之术，求建设本领，那只能是学习的一项任务，不能是全部目的。为此，必须想法子先"扫清射界"，对古书要有一个新读法，转苦为乐，把包袱改成垫脚石，由此前进。"学而时习之"本来是"不亦说乎"的。

文化不是杂乱无章而是有结构、有系统的。过去的书籍也应是有条理的，可以理出一个头绪的。不是说像《七略》和"四部"那样的分类，而是找出其中内容的结构系统，还得比《四库全书提要》和《书目答问》之类大大前进一步。这样向后代传下去就方便了。

本文开始说的那两位老学者为什么说中国古书不过几十种，是读得完的呢？显然他们是看出了古书间的关系，发现了其中的头绪、结构、系统，也可以说是找到了密码本。只就书籍而言，总有些书是绝大部分的书的基础，离了这些书，其他书就无所依附，因为书籍和文化一样总是累积起来的。因此，我想，有些不依附其他而为其他所依附的书应当是少不了的必读书或则说必备的知识基础。举例说，只读过《红楼梦》本书可以说是知道一点

《红楼梦》，若只读"红学"著作，不论如何博大精深，说来头头是道，却没有读过《红楼梦》本书，那只能算是知道别人讲的《红楼梦》。读《红楼梦》也不能只读"脂批"，不看本文。所以《红楼梦》就是一切有关它的书的基础。

如果这种看法还有点道理，我们就可以依此类推。举例说，想要了解西方文化，必须有《圣经》(包括《旧约》《新约》)的知识。这是不依傍其他而其他都依傍它的。这是西方无论欧、美的小孩子和大人在不到一百年以前人人都读过的。没有《圣经》的知识几乎可以说是无法读懂西方公元以后的书，包括反宗教的和不涉及宗教的书，只有一些纯粹科学技术的书可以除外。古希腊和古罗马的书与《圣经》无关，但也只有在《圣经》的对照之下才较易明白。许多古书都是在有了《圣经》以后才整理出来的。因此，《圣经》和古希腊、古罗马的一些基础书是必读书。对于西亚，第一重要的是《古兰经》。没有《古兰经》的知识就无法透彻理解伊斯兰教世界的书。又例如读西方哲学书，少不了的是柏拉图、亚里士多德、笛卡尔、狄德罗、培根、贝克莱、康德、黑格尔。不是要读全集，但必须读一点。有这些知识而不知其他，还可以说是知道一点西方哲学；若看了一大堆有关的书而没有读过这些人的任何一部著作，那不能算是学了西方哲学，事实上也读不明白别人的哲学书，无非是道听途说，隔靴搔痒。又比如说西方文学茫无边际，但作为现代人，向几个西方文学家的书是不能不读一点的，那就是荷马、但丁、莎士比亚、歌德、巴尔扎克、托尔斯泰、高尔基，再加上一部《堂·吉诃德》。这些都是常识了，不学文学也不能不知道。文学作品是无可代替的，非读原书不可，译本也行，决不能满足于故事提要和评论。

若照这样来看中国古书，那就有头绪了。首先是所有写古书的人，或说古代读书人，几乎无人不读的书必须读，不然就不能读懂堆在那上面的无数古书，包括小说、戏曲。那些必读书的作者都是没有前人书可替代的，准确些说是他们读的书我们无法知道。这样的书就是：《易》《诗》《书》《春秋左传》《礼记》《论语》《孟子》《荀子》《老子》《庄子》。这是从汉代以来的小孩子上学就背诵一大半的，一直背诵到上一世纪末。这十部书若不知道，唐朝的韩愈、宋朝的朱熹、明朝的王守仁（阳明）的书都无法读，连《镜花缘》《红楼梦》《西厢记》《牡丹亭》里许多地方的词句和用意也难以体会。这不是提倡复古、读经。为了扫荡封建残余非反对读经不可，但为了理解封建文化又非读经不可。如果一点不知道"经"是什么，没有见过面，又怎么能理解透鲁迅那么反对读经呢？所谓"读经"是指"死灌""禁锢""神化"；照那样，不论读什么书都会变成"读经"的。有分析批判地读书，那是可以化有害为有益的，不至于囫囵吞枣、人云亦云的。

以上是算总账，再下去，分类区别就比较容易了。举例来说，读史书，可先后齐读，最少要读《史记》《资治通鉴》，加上《续资治通鉴》（毕沅等的）、《文献通考》。读文学书总要先读第一部总集《文选》。如不大略读读《文选》，就不知道唐以前文学从屈原《离骚》起是怎么回事，也就看不出以后的发展。

这些书，除《易》《老》和外国哲学书以外，大半是十来岁的孩子所能懂得的，其中不乏故事性和趣味性。枯燥部分可以滑过去。我国古人并不喜欢"抽象思维"，说的道理常很切实，用语也往往有风趣，稍加注解即可阅读原文。一部书通读了，读通了，接下去越来越容易，并不那么可怕。从前的孩子们就是这样读的。主要还是要引起兴趣。孩子有他们的理解方式，不能照大人的方式去理解，特别是不能抠字句，讲道理。大人难懂的地方孩子未必不能"懂"。孩子时期稍用一点时间照这样"程序"得到"输入"以后，长大了就可腾出时间专攻"四化"，这一"存储"会作为潜在力量发挥作用。错过时机，成了大人，记忆力减弱，理解力不同，而且"百忧感其心，万事劳其形"，再想补课，读这类基础书，就难得多了。

以上举例的这些中外古书分量并不大。外国人的书不必读全集，也读不了，哪些是其主要著作是有定论的。哲学书难易不同；康德、黑格尔的书较难，主要是不懂他们论的是什么问题以及他们的数学式分析推理和表达方式。那就留在后面，选读一点原书。中国的也不必每人每书全读，例如《礼记》中有些篇，《史记》的《表》和《书》，《文献通考》中的资料，就不是供"读"的，可以"溜"览过去。这样算来，把这些书通看一遍，花不了多少时间，不用"皓首"即可"穷经"。依此类推，若想知道某一国的书本文化，例如印度、日本，也可以先读其本国人历来幼年受教育时的必读书，却不一定要用学校中为考试用的课本。孩子们和青少年看得快，"正课"别压得太重，考试莫逼得太紧，给点"业余"时间，让他们照这样多少了解一点中外一百年前的书本文化的大意并非难事。有这些做基础，和历史、哲学史、文学史之类的"简编"配合起来，就不是"空谈无根"，心中无把握了，也可以说是学到诸葛亮的"观其大略"的"法门"了。花费比"三冬"多一点的时间，就一般人而言大约是"文史足用"了。没有史和概论是不能入门的，但光有史和概论而未见原书，那好像是见蓝图而不见房子或看照片甚至漫画去想象本人了。本文开头说的那两位老前辈说的"书读完了"的意思大概也就是说，"本人"都认识了，其他不过是肖像画而已，多看少看无关大体了。用现在话说就是，主要的信息已有了，其他是重复再加一点，每部书的信息量不多了。若用这种看法，连《资治通鉴》除了"臣光曰"以外也是"东抄西抄"了。无怪乎说中国书不多了。全信息量的是不多。若为找资料，做研究，或为了消遣时光，增长知识，书是看不完的；若为了寻求基础文化知识，有创见能独立的旧书就不多了。单纯资料性的可以送进计算机去不必自己记忆了。不过计算机还不能消化《老子》，那就得自己读。这样的书越少越好。封建社会用"过去"进行教育，资本主义用"现在"，社会主义最有前途，应当是着重用"未来"进行教育，那么就更应当设法早些在少年时结束对过去的温习了。

一个大问题是，这类浓缩维他命丸或和"太空食品"一样的书怎么消化？这些书好比宇宙中的白矮星，质量极高，又像堡垒，很难攻进去，也难得密码本。古时无论中外都是小时候背诵，背《五经》，背《圣经》，十来岁就背完了，例如《红与黑》中的于连。现在怎么能办到呢？看样子没有"二道贩子"不行。不要先单学语言，书本身就是语言课本。古人写诗文也同说话一样是让人懂的。读书要形式内容一网打起来，一把抓。这类书需要有个"一揽子"读法。要"不求甚解"，又要"探骊得珠"，就是要讲效率，不浪费时间。好比吃中药，有效成分不多，需要有"药引子"。参观要有"指南"。入门向导和讲解员不能代替参观者自己看，但可以告诉他们怎么看和一眼看不出来的东西。我以为现在迫切需要的是生动活泼，篇幅不长，能让孩子和青少年看懂并发生兴趣的入门讲话，加上原书的编、选、注。原书要标点，点不断的存疑，别硬断或去考证；不要句句译成白话去代替；不要注得太多；不要求处处都懂，那是办不到的，章太炎、王国维都自己说有一部分不懂；有问题更好，能启发读者，不必忙下结论。这种入门讲解不是讲义、教科书，对考试得文凭毫无帮助，但对于文化的普及和提高，对于精神文明的建设，大概是不无小补的。这是给大学生和研究生作的前期准备，节省后来补常识的精力，也是给工人、农民、知识分子放眼观世界今日文化全局的一点补剂。我很希望有学者继朱自清、叶圣陶先生以《经典常谈》介绍古典文学之后，不惜挥动如椽大笔，撰写万言小文，为青少年着想，讲一讲古文和古书以及外国文和外国书的读法，立个指路牌。这不是《经典常谈》的现代化，而是引导直接读原书，了解其文化意义和历史作用，打下文化知识基础。若不读原书，无直接印象，虽有"常谈"，听过了，看过了，考过了，随即就会忘的。"时不我与"，不要等到 21 世纪再补课了。那时只怕青年不要读这些书，读书法也不同，更来不及了。

（选自《倒读历史》）

知识的翅膀

龚鹏程

 作者介绍

龚鹏程，中国台湾著名教育家、学者。

著有《中国文学史》《思想与文化》《中国文人阶层史论》等。

人通常只是依着本能来过活的。寒则欲衣、饥乃觅食。自原始时代以迄今日，衣衫和饮食固然由粗陋逐渐精致豪奢，但其为本能所驱使则一。这种生物性本能，虽或常为人所憎恶，因为没有人能够摆脱其宰制与驱使；却也是人生一切存在的基本依据，不能小看了的。

曾有生物学家做过实验。把初生小鸡仔细养着，不让它瞧见老鹰。养了一阵子放出去，由母鸡领着觅食。再从空中放出一只木刻的老鹰出来盘旋。此时，小鸡立刻惊恐惶急地钻进母鸡翅膀下，母鸡也立刻做出准备作战的姿势，预备和老鹰一搏。这个试验，也许说明了生物间可能有一种本然的对峙关系，如猫之撄鼠、如鹰之击兔，不待学而后知之，出诸本能，不得不然。心理学家也将这个例子视为解释"种族集体潜意识"的一部分理由。认为所谓本能，或许有些即是该族类早期记忆潜存于意识中，遂影响该族类之行动者。我们的行为，当然有一大部分是受到这类本能之驱迫影响，但这其实并不那么重要。心理学家与生物学家只是把这些我们已经习焉不察，或误以为业已超越于此一层次了的东西，重新揭露给我们看，再一次论证人仍具有生物性，仍常依赖本能来过活罢了。可是，如果人只是依赖本能，那人与小鸡老猫又有啥不同呢？人的特性，事实上不在其生物性本能，而在其能在生物性本能以外，养成依经验过活的本领。

我们看白玻璃窗上急着想冲出去的苍蝇，它不管撞多少次，都不会得到"此路不通"的经验。它的本能只让它能分辨光，于是它就朝光亮的地方飞去，撞着了也没法子，只能继续撞。老鼠便聪明得多。在迷宫中，凡遭到电击处，它已能学习着避开，故终能走出迷宫。这就是经验，所谓"不经一事，不长一智"，非本能所能提供，必须在事上磨炼。这种凭经验应付生活的本事，许多动物也有。但人能依经验不断重构社会，经验本身也会持续增长累积。这是一般动物办不到的。

这其中需要一个重要的转换过程，那就是将"经验"转换为"知识"。

不能转换为知识的经验，是内在的、孤立的，不能与人交换传递，所以也不可能增长。例如庄子所举那个斲轮老人的例子，自认其技艺"得之于手，应之于心"，纵使是面对亲儿子也无法传授。我们不否认许多经验确是如此，但幸而不是所有的经验皆是如此。某些经验，是可以"学习知识"这一间接手段来取代直接领受之历程的。此虽非亲闻实证，然人生有限，原本无需事事躬亲体验。犹如知雷能殛人者，不必亦去旷野等候雷殛，始能证明雷电果然能够殛人也。

靠着知识，传递经验，又积累并印证经验，人类社会乃能夐绝超离于万物之上，展开多面向的发展。这是人的社会之特性，提倡返璞归真者，每每刻意贬抑此一特性及其价值，如《菜根谭》云："至人何思何虑，愚人不识不知，可与论学亦可与建功。唯中才之人，多一番思虑知识，便多一番臆度猜疑，事事难与下手。"这是有激之言，不能当真的。试想：不识不知者，焉能与之论学？人只有靠着知识的翅膀，才能飞出黑暗。一切反智论，纵使陈义高夐，终非正道，此其一例耳。

（选自 1991 年 4 月 21 日《中华日报》）

东西文明异同论

——在日本东京工商会馆的演讲（1924年）

辜鸿铭

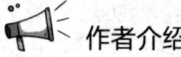

在今晚的演讲开始之前，我要请在座诸位多原谅，恐怕我今晚的演讲不太好。为什么呢？因为今晚的讲演不像前三次在大东文化协会所做的演讲那样，事先做了充分的准备。

我应大东文化协会的邀请来到日本时，只准备了三个演讲题目。因此，一直到两三天前，关于今晚的讲演，还没有想好要讲什么。好容易想到了"东西异同论"这个题目，遗憾的是已没有充足的时间准备了。因此，我所作的讲话中可能有些零乱不系统，如果这样，希望诸位不要予我以苛责。

有名的英国诗人吉卜林（Kipling）曾说："东就是东，西就是西，二者永远不会有融合的时候。"这句话在某种意义上说有它的合理处。东西方之间确实存在着很多差异。但是我深信，东西方的差别必定会消失并走向融合的，而且这个时刻即将来临。虽然，双方在细小的方面存有许多不同，但在更大的方面，更大的目标上，双方必定要走向一起的。

因此，所有有教养的人，都应为此而努力，为此而做出贡献，而且这也是有教养人们的义务。

不久前，一个德国友人定居在广东，他非常关心东洋文明，他死的时候，我给他做了墓志铭："你最大的祝愿，是实现东西方优良方面的结合，从而消除东西畛域。"

因为常常批评西洋文明，所以有人说我是个攘夷论者，其实，我既不是攘夷论者，也不是那种排外思想家。我是希望东西方的长处结合在一起，从而消除东西界限，并以此作为今后最大的奋斗目标的人。因此，今晚我给大家讲讲东西文化之间有哪些差异。

东西文明有差异是理所当然的。从根本上说，东洋文明就像已经建成了的屋子那样，基础巩固，是成熟了的文明；而西洋文明则还是一个正在建筑当中而未成形的屋子，它是一种基础尚不牢固的文明。

一般说来，欧洲文明根源于罗马文明，而罗马文明又像诸位所知道的那样根源于古希腊文明。在罗马帝国灭亡后，欧洲人民就创造了一种新的文明——巴洛克文明，也就是欧洲中世纪文明。那时的欧洲虽然处在野蛮时代，但是随着基督教的兴起，蛮人逐渐进步，从而开始创造文明，而后，众所周知，文艺复兴时代到来。

恰巧与之相对应的是中国六朝的文艺复兴时代。众所周知，此时正是五胡乱华，而罗马人的古典文明也是被五个蛮族集团消灭的。从此欧洲人就以基督教和圣经为蓝本（基础），创造了新的巴洛克文明。

然而，随着欧洲人知识的进步，过去的宗教文化就不能适应了，如同中国在唐代兴起文艺复兴一样，在欧洲，有了意大利文艺复兴，进而有马丁·路德的宗教改革。为此，欧洲经历了四十多年的战争，终于成功地实现了改革，以后来到了法国大革命，它是以改变政治结构为主要目的的。但社会自身却并未有所变化。因此，经历了上次的欧洲大战之后，欧洲人所面临的问题是改造社会，因此社会主义、过激主义四处兴起，过激主义的目的是彻底破坏旧的东西而制造新的东西。这种"破坏性"的主义，也是欧洲社会中必然产生的结果。所以，欧洲文明，实如同一个正在改造、构筑、建设当中的屋子。

而我们东洋的文明，则不仅已构成了屋子，而且已经住上了人。东西文明的差别就由此而生。欧洲人没有真正的文明，因为真正的文明的标志是有正确的人生哲学，但欧洲人没有。在中国，把真正的人生哲学称为"道"，道的内容，就是教人怎样才能正当地生活，人怎样才能过上人的生活。有"文以载道"这样一句话，"文"即"文学"，在中国，文学可以说是教给人们正确的人生法则的东西，西洋人长时间内为了寻找这真正的人生道路，作出了很大的努力，但至今未果。而中国人依据四书五经，就可以明"道"。很遗憾，欧洲没有这样的东西。欧洲有的是基督教。基督教叫人们怎样去做一个好人。而孔子学说则教人怎样成为一个良好的国民，努力做一个好人当然是好事，但这并不是一件什么难事。比如登山拜神即可成为一个好人，而想做好一个良民，则须知"五伦"，这却是一件相当难的事。

为寻找正确的人生之道，欧洲学者提出了多种主张，如斯宾塞、卢梭等等。他们的主张从某个方面看是正确的，但是作为一个整体来看，它是不完善的，不是那种真理性的东西。诸君如果以为它们完全正确而予以汲取，那是非常危险的。

下面，我想分五条，讲一讲东西方的差异之处。第一，个人生活；第二，教育问题；第三，社会问题；第四，政治问题；第五，文明。以上五个问题，无论哪个范围都很广，非一晚所能尽述，故今晚我只拣重要的说一说。

首先，我们考察一下个人生活。

作为个人，我们必须首先考虑的是人的生活目的。换言之，即人应该做些什么？什么是人？对此，英国思想家弗劳德说："我们欧洲人，从来没有思考过人是什么？"也就是说，作为一个人，是指当一个财主好呢？还是去做一个灵巧的人好呢？关于这个问题，欧洲人没有成型的看法，由此可见，说欧洲人没有正当的人生目标，不是我一个人，欧洲第一流的思想家也持与我同样的意见。

相反，我们东洋人则早已全然领会了人生的目的，那就是"入则孝，出则悌"。即在家为孝子，在国为良民。这就是孔子展示给我们的人生观，也就是对于长者即真正的权威人士必须予以尊敬，并听从他的指挥。"孝悌仁之本"，是中国人的人生观，也是东洋人的人生观。

关于人生观方面，再一个差别就是，欧洲人认为人生的目的在于运动。而我们东洋人认为人生的目的在于生活。西洋人为运动而生活，东洋人则为生活而运动，他们是为赚钱而活着，我们则是为享受人生而创造财富，我们不把金钱本身作为人生的目标，而是为了幸福而活动。孔子说："仁者以财发身，不仁以身发财"，那意思就是好人为了生活而创造钱财，而恶人则是舍身去赚钱一样。西洋人，尤其是美国人，为了赚钱连命都不要，这就是东西方人的差异之处。也就是说，西洋人贪得无厌不知足，而东洋人则是知足者常乐。为了东西方能真正地走到一起，他们西洋人必须改变自己的做法，而采取我们的办法。

下面谈一下教育。

欧洲的教育目的，在于怎样做一个成功的人，怎样做一个能适应社会的人。常常有西洋友人对我说：我们是生活在 20 世纪，而你们则由于还在接受 19 世纪的教育，所以就无法成功。实际上，我们东洋的教育，不仅能使我们的子弟适应现代社会的生活，而且还能促使现代世界向着更美好的方向发展。孔子说：教育的目的在于称作"大学"的根本之上。那就是"大学之道，在明明德"，也就是发现人们所固有的辨别道德的能力，这就是教育的目的。必须成为一个为社会所推崇的人，成为一个聪慧的人，也就是说，教育的目的，在于为了明德，在于为了创造一个新的更好的社会而培养人才。《大学》中的"作新民"之"民"不是指人民，而是指社会，创造新的更好的社会是高等教育的目的，这才是孔子的本意。诸位，共同努力为创造一个新的世界、新的社会而奋斗，努力做一个更好的法学家，良好的工程师，共同创造出一个美好的社会。

下面再谈谈东西洋教育方法的差异。

在中国，初等教育和高等教育有一个清楚的划线：在初等教育阶段，主要是教孩子们使用他们的记忆力，而不注意让他们使用判断能力。首先让他们通晓祖先留下来的东西，而在西洋，从孩提时代起，就对他们灌输艰深的哲学知识。在中国则是在高等教育阶段方才对学生讲授深奥学问的。我认为这是难能可贵的办法，把像哲学那样深奥玄虚的东西讲给孩子们听是不合适的。尤其是对女孩子，还是不教为好。

还在爱丁堡做学生的时候，我们曾组织了一个七八人互相钻研、共同进步的学习小组，互相学着写论文。有一回，其中一个人说，这样好的论文是否可以发表？另外一个人反对说，这样的东西不能出版。大家于是就根据这个人的主张，约定四十岁以前不出东西，因为我们必须对我们的问世之作有确切的把握才可，而这在四十岁前是办不到的。

孔子说："四十而不惑。"我是坚决地遵守着这个约定的。我第一部书出版时正值 41 岁。虽然现在日本连中学生都可以出杂志，但我觉得还是禁止为好。

第三，谈一谈东西社会的差异。

东洋的社会，立足于道德基础之上，而西洋则不同，他们的社会是建筑在金钱之上的。换言之，在东洋，人与人之间关系是道德关系，而在西洋则是金钱关系。在东洋，我们注重的是名分。

试想一下，在封建时代，当领主对家臣说："你必须服从我"，而家臣反问"为什么"的时候的情形。那时，领主会很简

东西文明异同论

单地回答道："根据名分，我是你的主人。"如果家臣又问："是什么样的名分？"领主又会回答："是大义名分。"

然而在现在的日本，暴发户对下人说："你必须服从我！"如果工人反问："为什么？"那时暴发户将回答："是依据名分。"可如果工人再追问："根据什么名分？"暴发户将回答："是金钱名分。"（指金钱关系、财产等级所导致的人与人之间的关系）这不是大义名分。可是在美国，名分完全以金钱为基础。在东洋，人与人之间的关系，实在是神圣的道德关系，夫妻、父子、君臣都是天伦关系。而在美国，人与人之间只是利害关系，人们之间的关系建筑在金钱的基础之上。

而东洋社会则建立在"亲亲、尊尊"这样的两个基础之上，也就是社会亲情和英雄崇拜（Affection and hero-worship）。我们热爱父母双亲，所以我们服从他们，而我们所以服从比我们杰出的人，是因为他在人格、智德等方面值得我们尊敬。学者同车夫相比，所以比车夫更值得尊敬，是因为学者从事的是脑力劳动，比较艰苦，而车夫从事的是体力劳动，不像脑力劳动者所从事的那样高难。所以，他所受到的尊敬，自然要低得多。假如有这么一个社会，让车夫坐车，而让学者拉车，尊敬车夫而鄙视学者，那么，这社会还成其为社会吗？

现在的中国就有这样的趋势，我们或许当车夫更合算。

如果金钱成为社会的基础，那么，社会就有堕落到这种状态的危险。

《中庸》上说："仁者人也，亲亲为大。义者宜也，尊贤为大。"如同上面所讲的那样，我们服从父母是因为我们热爱父母；我们服从贤者，是因为我们尊敬贤者，这就是东洋社会的基础。

诸位来听我的这个讲演，是因为诸位有尊贤之心，尽管我实在没有这样的资格。

下面谈谈政治。

关于政治，我以为可以分为三阶段。政治的构成是以保护人民的安宁为目的的，在它的初期，文化尚不发达，人民愚昧无知，同小孩相似。那时候为了保证社会的秩序和安宁，换言之，就是针对少数人做坏事该采取怎样的措施？为此统治者说："你们不得做坏事，如果做坏事，就要受到神的惩罚。"在中国，这种政治方式被叫做"神道设教"。这便是初期的政治。

帝政时期的欧洲是通过基督教来统治人民的。但是，随着文艺复兴运动的兴起，人民日渐觉醒，不再信神了，相应的也就不怕神灵的惩罚了。因此，欧洲的统治阶级，尤其是普鲁士国王，便实行警察统治，依靠警察来保障社会的安宁和秩序。也就是说，文艺复兴之后的欧洲，所行的是强权政治。最近的欧洲大战，就是这种强权政治的结果。这并不是我个人的意，英国伟大的思想家卡莱尔就说"欧洲社会是混乱加上警察"（即警察统治的无政府社会），他的意思就是说，欧洲政治如果放弃强权，第二天就会乱作一团。

因此，怎样摆脱强权政治，就是战后欧洲所面临的重大问题。

然而，在我们东洋，我们既没有那样的对神的恐惧，也没有对警察的恐惧。那么我们怕什么呢？因为怕什么才维持了我们社会的秩序呢？那就是良心！那就是廉耻和道德观念！正因为忌讳这个，我们才不干非礼之事。在中国，归还借的钱，并非因为怕律师，也不是怕法院的追究，不还所借的钱，对自己来说是一种耻辱，是因此而还钱而非为别的。我服从中国的天子并非出于害怕，而是出于尊敬。也就是说，我们遵守的是三纲五常，一旦有了这个，就不用警察了。当然，在中国也并非满街圣人，人人君子，坏人还是有的，所以警察也还是要的。我只是说，一般的纠纷，依据礼义廉耻就可以解决，所以警察用不着那么多。在这一点上，是值得欧洲人好好学习的，而我们则没有向他们学习的必要。

最后，也就是第五，讲讲东西文明的差异。

关于这个，我们得首先考虑一下文明的意思。所谓文明，就是美和聪慧。然而欧洲文明是把制作更好的机器作为自己的目的，而东洋则把教育出更好的人作为自己的目的，这就是东洋文明和西洋文明的差别。常有人说，欧洲文明是物质文明，其实欧洲文明是比物质文明还要次的机械文明。虽然，罗马时代的文明是物质文明，但现在的欧洲文明则是纯粹的机械文明，而没有精神的东西。

举个例子说明一下，比如写东西，西洋人使用打字机，这样，我们所有的表现美的手法，就难以发挥出来。

再一个就是在西洋，连招呼自己家的佣人都用电铃。而在东洋，则这样做（打一个手势）马上就可以叫来佣人，而这样做要好得多。在日本，现在也开始采用西洋的机械文明了，要想从明天开始就校正它是困难的，但是应该考虑到他们的文明是错误的，我们有必要在一边采用他们的文明的同时，一边要加以修改。如果说，现在无法排除已经从他们那儿学来的机械文明，那么，就不要再增加了。

最后，为了在东京向诸位道别，我还想再说一两句。我在日本所作的讲演中，对日本颇加赞扬，这是我的真正公正的评价，但是一些外国论者歪曲说是对日本人的讨好。实际上我根本没讲讨好日本人的话，如果说讨好，也没有必要讨好日本人，要讨好毋宁讨好中国人，应该拍袁世凯、曹锟的马屁，那样的话，至今我不是大总统也是总理大臣了。因此说我讨好日本人纯粹是诬蔑。我赞扬了日本，因为赞扬也就相应地希望诸位把日本建设得更好。我常说日本人实在是了不起的国民，对于这样赞誉，诸君应该了解到诸位的责任更加重大。

在孔子的书里有这样一句话，叫"责备贤者"。它的意思就是高尚的人，领导社会的人，站在社会前列的人，应负有更大的责任。诸位是社会的指导者，因此诸位不要忘记你们身负有比一般人更重大的责任。

一般的人，即使做了坏事也没什么大害，而有教养的人，引人注目的人，也就是像诸位这样的人，如果做了坏事，那就将给社会带来非常恶劣的影响。我留了这样的辫子，不是出于个人的喜好，而是出于对满洲朝廷的忠节而保留的。切望诸君不要有负于我对日本的称赞，做一个高尚的人。

（选自《辜鸿铭讲演集》）

东西文明异同论

读 画

梁实秋

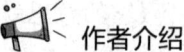 作者介绍

梁实秋，中国现代著名的散文家、学者、文学批评家、翻译家，

代表作有《雅舍小品》《英国文学史》等。

《随园诗话》："画家有读画之说，余谓画无可读者，读其诗也。"随园老人这句话是有见地的。读是读诵之意，必有文章词句然后方可读诵，画如何可读？所以读画云者，应该是读诵画中之诗。

诗与画是两个类型，在对象、工具、手法，各方面均不相同。但是类型的混淆，古已有之。在西洋，所谓 Ut pictura poesis，"诗既如此，画亦同然"，早已成为艺术批评上的一句名言。我们中国也特别称道王摩诘的"画中有诗，诗中有画"。究竟诗与画是各有领域的。我们读一首诗，可以欣赏其中的景物的描写，所谓"历历如绘"。但诗之极致究竟别有所在，其着重点在于人的概念与情感。所谓诗意、诗趣、诗境，虽然多少有些抽象，究竟是以语言文字来表达最为适宜。我们看一幅画，可以欣赏其中所蕴藏的诗的情趣，但是并非所有的画都有诗的情趣，而且画的主要的功用是在描绘一个意象。我们说读画，实在是在画里寻诗。

"蒙娜丽莎"的微笑，即是微笑，笑得美，笑得甜，笑得有味道，但是我们无法追问她为什么笑，她笑的是什么。尽管有许多人在猜这个微笑的谜，其实都是多此一举。有人以为她是因为发现自己怀孕了而微笑，那微笑代表女性的骄傲与满足。有人说："怎见得她是因为发觉怀孕而微笑呢？也许她是因为发觉并未怀孕而微笑呢？"这样地读下去，是读不出所以然来的。会心的微笑，只能心领神会，非文章词句所能表达。像"蒙娜丽莎"这样的画，还有一些奥秘的意味可供揣测，此外像 Watts 的《希望》，画的是一个女人跨在地球上弹着一只断了弦的琴，也还有一点象征的意思可资领会，但是 Sorolla 的《二姊妹》，除了耀眼的阳光之外还有什么诗可读？再如 Sully 的《戴破帽子的孩子》，画的是一个孩子头上顶着一个破帽子，除了那天真无邪的脸上的光线掩映之外还有什么诗可读？至于 Chase 的一幅《静物》，可能只是两条死鱼翻着白肚子躺在盘上，再没有什么可说的了。

也许中国画里的诗意较多一点。画山水不是《春山烟雨》，就是《江皋烟树》，不是《云林行旅》，就是《春浦帆归》，只看画题，就会觉得诗意盎然。尤其是文人画家，一肚皮不合时宜，在山水画中寄托了隐逸超俗的思想，所以山水画的境界成了中国

读画

199

画家人格之最完美的反映。即使是小幅的花卉，像李复堂、徐青藤的作品，也有一股豪迈潇洒之气跃然纸上。

画中已经有诗，有些画家还怕诗意不够明显，在画面上更题上或多或少的诗词字句。自宋以后，这已成了大家所习惯的接受的形式，有时候画上无字反倒觉得缺点什么。中国字本身有其艺术价值，若是题写得当，也不难看。西洋画无此便利，《拾穗人》上面若是用鹅翎管写上一首诗，那就不堪设想。在画上题诗，至少说明了一点，画里面的诗意有用文字表达的必要。一幅酣畅的泼墨画，画着有两棵大白菜，墨色浓淡之间充分表示了画家笔下控制水墨的技巧，但是画面的一角题了一行大字："不可无此味，不可有此色"，这张画的意味不同了，由纯粹的画变成了一幅具有道德价值的概念的插图。金冬心的一幅墨梅，篆籀纵横，密圈铁线，清癯高傲之气扑人眉宇，但是半幅之地题了这样的词句："晴窗呵冻，写寒梅数枝，胜似与猫儿狗儿盘桓也……"顿使我们的注意力由斜枝细蕊转移到那个清高的画士。画的本身应该能够表现画家所要表现的东西，不需要另假文字为之说明，题画的办法有时使画不复成为纯粹的画。

我想画的最高境界不是可以读得懂的，一说到读便牵涉到文章词句，便要透过思想的程序，而画的美妙处在于透过视觉而直诉诸人的心灵。画给人的一种心灵上的享受，不可言说，说便不着。

（选自《梁实秋散文（二）》）

读画记

黄　裳

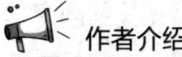作者介绍

　　黄裳，作家、藏书家，学识丰富，文笔朴素平实而富有真情，

　　著有《锦帆集》《旧戏新谈》《音尘集》《黄裳书话》等。

　　从杭州回来，看见案上放着一只大画夹，是画家马得送来的。他的画戏作品打算选印成集，前些时来信说希望我写几句话印在画册前面，这是一个困难的任务。对于中国古典戏曲和绘画，我都只是一个热心的外行观众，并非合格的评论家，恐怕说不出什么有价值的意见。正在踌躇的当口，画家却把作品送来了，殊有迅雷不及掩耳之势。不过看画到底是愉快的事，于是就来细看原作。这些画真的给了我很好的美的享受，似乎只有做小孩子时第一次看到小人书的惊喜可以相比。如果说连环画是低幼儿童的读物，那么这些画是可以看做成年中年或老年人的恩物

的吧。

坐在台下看戏的观众中间，真正的戏剧评论家恐怕只占极微弱的少数。不过这并不妨碍人们对演出作出自己的评判。正如剧评家用文字写出剧评一样，普通观众用嘴巴叫好，用手鼓掌；画家就用笔来画戏画。他们使用的工具与方法不同，但想表达自己观感的愿望是一致的。

我国画家画戏是有悠久的传统的。金元时期出现在山西一带寺庙中的壁画，传世的宋元之交的小幅绢画都有采用杂剧作为题材的作品。清代产生的工笔戏画，无论出于宫廷或民间画家之手，都忠实地记录着舞台场景，更大量的同类作品是不同时期各地产生的木板年画。在历史题材的连环画中不可否认也存在着这一形式的深刻影响。作品的精粗美恶尽管十分悬殊，但基本的写实画风是一贯的。只有到了晚近才出现了戏画的新形式。作者有意识地摆脱忠实记录舞台形象的旧法，用简炼的笔墨线条再现从舞台演出中得到的画家自己最强烈的感受。以速写为基础，从漫画获得启发，创造了崭新的画种。历史并不很长，但作者却并不寂寞。因笔墨情趣的不同也形成了不同的流派。这现象在画苑中是值得注意的。

漫画本是一种外来的形式，这并不存在太多的争论。但我曾想，在我们悠久的艺术传统中，也并不是完全找不出一些漫画的痕迹来的。罗两峰的《鬼趣图》是大家都熟习的作品了；中国画家又非常喜欢画钟馗，终南山进士并没有留下标准像，他的形象只存在画家的想象中。于是就产生了胖的、瘦的，沉醉的、清醒的，和善的、严厉的等等不同的钟馗。石涛曾画过在牛背上打瞌睡的自画像，齐白石画过不倒翁，配上画家的诗跋，我看就都是典型的漫画。就是在以传神为主的人物画中，任伯年在《酸寒尉图》中所写的吴昌硕的苦脸子，却使我们联想起千多年前《夜宴图》中的韩熙载。笔墨技法尽管有绝大的差异，"传神"的精神却是一致的。米家云山和金绿山水的格调可以说天差地远，但作者努力追求的却是同一个真实。

在中国，画家的眼睛和戏剧家以至广大观众的眼睛有着使人惊奇的一致性。我想，这中间就藏着民族传统、民族风格的奥秘。

许久以前曾经听到过对中国画家不懂或不讲究透视……因而造成画面缺乏真实感的责难。这是用某些外来的艺术标准衡量中国艺术品的必然结果。我想，如果不换上一双中国人民艺术欣赏的眼睛，恐怕许多东西都是通不过的。在石涛的山水画中，常常出现一两个古衣冠的人物，严格按照实物的比例看来，这些人物不免画得太大，太突出了。有时，一只小船，一间茅亭，大小也往往和周围的事物不相称。是石涛不懂得写生么，那当然不是。"搜尽奇峰打草稿"的石涛，是深深懂得"师造化"的重要的。不只是石涛，就是界画的山水楼台中活动的人物，《秋山行旅图》中出现的旅行者，在普通照相机的镜头中也不可能看得如此清晰。只有一种解释可以说明，画家的手眼有些像多种焦距的长镜头，可以按照不同需要把重要的形象捕捉在同一画面之中，不必受到自然的限制。这种艺术上的自由在舞台上得到的是更为充分的发挥，形成了民族戏曲艺术的重要特色。中国人民接受并习惯了这种表现方式，早把一切视为当然；只有被各种技法框框捆得紧紧的外国艺术家，才能发现这种自由的可贵而发出惊叹。

在《长坂坡》中，曹操站在山头上看赵云在万马军中厮杀，这场面，无论在怎样宏伟的舞台上也不可能"真实地"再现。《三岔口》中两人在暗黑中交手，刀尖过处，距离鼻尖不过一公分，观众看到的则是光亮如昼中真实的特写。这种变幻不居、十分经济而又高度自由地再现人物、环境转换的手段，是中国戏曲艺术的重要特征之一。艺术家牺牲了形式上僵死的自然主义却获得了真正的艺术上的真实。在这一点上，中国的传统绘画与戏曲是有许多相通之处的。齐白石在大写意花草的树叶上，用工笔添写出极为逼真的草虫，可以看作《三岔口》的处理方法在纸绢上的运用。

在必要的地方不惜付出最大的劳动与笔墨，否则就惜墨如金。

在舞台上一次上下场就过去了若干年，一个转身就行遍千百里的事是常见的。艺术家在这里获得了"随心所欲"的绝大自由，但他所追求的却是写出真正的真实，而不是制造弥天大谎。这才是判断作品的重要标准。手段是重要的，但并非起决定性的因素。

画家画过《烂柯山》中的场面。这里的《痴梦》是昆曲中精彩的单折戏。过去我曾说过，《痴梦》里面有着意识流的方法，也许有人觉得牵强，因为这与现代西方的意识流并不完全是一回事。不过我想说的只是，艺术家在进行创作时，苦苦追求的只是尽可能真实地塑造出人物来，他可以尝试使用种种方法，摸索每一条可行的途径。有时不同时代、不同民族的作者遇巧是会想到一起去的。在文学史上这种例子多有，目前流行的比较文学研究探索的就是这方面的现象。评论一部作品属于什么主义什么派别是评论家的事情，他们为了探讨或其他原因，不能不把作品详细分类，进行比较研究。这是可以理解的。但从作者方面看，事先立志想写出一部什么主义作品的人到底不多。万一他把精神集中在这里，就十九写不出好的作品。如果把《痴梦》的创作方法归入心理分析一类，也许更容易使人信服。但在《烂柯山》产生的时代，一切"时髦"的创作方法都还不曾出世，却也是文学史上的真实。

传统戏曲反映的是封建时代的生活。长时期得到人民保护得以流传至今传唱不衰的优秀作品，几乎无一例外都是表达了人民的心愿同时获得了自己的生命的。画家选题、落笔当然都注意到使他受到感动的东西。这中间值得注意的是尤为接近漫画或杂文风格的作品。如题作"少年英雄风尘老"的林冲，实在画得有力。线条极简单又极精炼，充分发挥了中国画的笔墨功夫。林教头拖着迟缓的脚步踽踽独行，回首望去，在满天大雪中只见花枪挑着的酒葫芦和枪头的一点红色。寂寞极了，沉重极了。《六月雪》的控诉，《打神》的无告，《写本》的决绝，《空城计》的冷嘲，《蒋干盗书》的牢骚，《写状》的严冷。……都是用画笔作出的戏评，既论戏态，也写人情。笔姿墨韵，神情俱足。画家在这方面接受的传统影响可以上推到青藤、八大、板桥、冬心以至齐璜，并发扬光大了。更不需要题词，自有读者观众熟悉的舞台形象加以补充，帮助欣赏、理解。

画家最得意，为之花费了更多笔墨的作品是《牡丹亭》。长眉人鬓的少女杜丽娘的似水春愁，全凭飘拂的衣襟和水袖，倾泻出来。寥寥数笔跳跃而有弹性的线条，浅淡的着色，衬景的配置，都是经过仔细经营的。

画家笔下出现得最频繁的题材是昆曲，无疑是受到了剧种歌

舞比重的有力吸引。南京有一个出色的昆剧院，拥有一批优秀的演员，很自然地成为画家的生活基地。把舞台上瞬息万变的光影捕捉到纸上不是容易的事情。艺术就是克服困难，这中间有着多少创作的愉乐，是可以想象得出的。

戏画主要是人物画，不过这是充满了动作的人物画，与以描摹静止状态的对象为主、细写人物须眉的传统人物画是不同的。画家善于使用纤柔劲健的线条，但更喜欢也更得心应手地运用粗笔挥洒，画面上洋溢着笔情墨趣，这中间有许多我们非常熟悉的传统中国画中的东西，但又是有发展、有创造的。《见都》的况钟扬鞭策马深夜疾行，草草数笔写出了人物身上蓝袍的飘拂，写出了身段，也描出了人物内心的焦急。从墨彩晕染的层次上可以看出，极经济的笔墨往往是经过反复考虑经营的。打虎的武松也只使用了浓淡两种墨色写出了最后一击的武松是怎样使尽了平生的力气。《戏叔》的武松的身躯长得像一根电线杆，他微侧了上身，像在躲避什么极为可怕的事物的袭击。生动极了。至于这是对武松的歌颂或揶揄，持不同观点的读者可以得出自己的结论。《杀惜》的宋江一手抓住对方的领口，短刀藏在背后。画家把他画得那么瘦弱，又那么"勇敢"，仿佛可以看到他在打战、在喘息。用焦墨补出的两缕"黑三"也不是静止的。

画家在人物面部使用了最经济的笔墨。美丽女子多半长眉细目，勇武的男子也只是画出了他们的浓眉。这种简略也是深思熟虑后的安排。《别姬》有两幅，画家巧妙地借了霸王脸谱眼圈的特色，写出了焦急无措、穷途末路的项羽的心。在另一幅"虞姬伏剑"中，这两只眼窝又变为两团墨块。但读者都认识，这是同一个项羽。画家在写人物时，无论是在静止或激剧动作中，身段都表达得极为准确，用的是非常简练的笔墨。我想，在这里，也只有奔放但有控制的粗笔才能达到这样的效果，工笔画怕是无能为力的。

在传统戏曲舞台上，曾经出现过数不尽的美丽的造型。在不同性别、不同身份的人物身上，在不同情境中出现了变化无端的无数举止身段，这不只是解释动作，同时也是传达情绪的。在画家笔下，写身段比写眉目成为更重要的捕捉、表现情绪的手段，不是没有原因的。三十年前，在与盖叫天先生的接触中间，发现他在琢磨、追求创造人物造型上花费了可惊的精力。他不倦地追求的是舞台上的美，这美则是通过真实人物的完美的再现获得的，是形神兼备。这一切必须通过艺术家剪裁、提炼的创造过程。盖叫天先生常常批评一些不懂得美的造型的重要的演员为"棒槌"，这是很深刻也很形象的概括。他的批评也不只是专为武生演员而发，女性的身段也包括在内。繁琐的、卖弄的、无目的的旦角身段也是另一种意义的"棒槌"。在细读画家的作品时，我想起了这一番话，就试图借助这一方法作为欣赏的标准，我觉得是找到了一把可信赖的钥匙了。

我也愿意把这方法推荐给欣赏这本画册的读者。

一九八三年十月二十五日
（选自《黄裳散文选集》）

读画记

山水画的意境

李可染

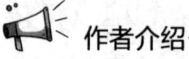

作者介绍

李可染，现代著名中国画艺术家，将西画技法和谐地融化在深厚的传统笔墨和造型意象之中。

代表画作有《万山红遍》《漓江山水天下无》《杏花春雨江南》《山城朝雾》《看山图》等。

画山水，最重要的问题是"意境"，意境是山水画的灵魂。

什么是意境？我认为，意境就是景与情的结合；写景就是写情。山水画不是地理、自然环境的说明和图解，不用说，它当然要求包括自然地理的准确性，但更重要的还是表现人对自然的思想感情，见景生情，景与情要结合。如果片面追求自然科学的一面，画花、画鸟都会成为死的标本，画风景也缺乏情趣，没有画意，自己就不曾感动，当然更感动不了别人。

在我们的古诗里，往往有很好的意境。虽然关于"人"一句也不写，但是，通过写景，却充分表现了人的思想感情，如李太白《送孟浩然之广陵》的诗句：

故人西辞黄鹤楼，烟花三月下扬州，
孤帆远影碧空尽，惟见长江天际流。

这里包含着朋友惜别的惆怅，使人联想到依依送别的情景：帆已经远了，消失了，送别的人还遥望着江水，好像心都随着帆和流水去了……情寓于景。这四句诗，没有一句写作者的感情如何，尤其是后两句，完全描写自然的景象；然而就在这两句里，使人深深体会到诗人的深厚的友情。

毛主席的诗句，意境是很深的，如十六字令三首，每一首都是写景，每一字都是说山，但每一首、每一字又都充分表述了人的思想感情。三首诗分别体现了山的崇高、气势和力量，这里并没有直接描写人，实际上都有力地歌颂了人，歌颂了人的英雄气概。古人说"缘物寄情"，写景就是写情。诗画有意境，就有了灵魂。

怎样才能获得意境呢？我以为要深刻认识对象，要有强烈，真挚的思想感情。

意境的产生，有赖于思想感情，而思想感情的产生，又与对客观事物认识的深度有关。要深入全面的认识对象，必须身临其境，长期观察。例如，齐白石画虾，就是在长期观察中，在不断表现的过程中，对虾的认识才逐渐深入了，也只有当对事物的认识全面了，做到"全马在胸""胸有成竹""白纸对青天""造化在手"的程度，才能把握对象的精神实质，赋予对象以生命。我们不能设想齐白石画虾，在看一眼，画一笔的情况下能画出今天这样的作品来；而是对虾的精神状态熟悉极了，虾才在画家的笔下活起来的。对客观对象不熟悉或不太熟悉，就一定画不出好画。

写景是为了要写情，这一点，在中国优秀诗人和画家心里一直是很明确的，无论写诗、作画，都要求站得高于现实，这样来观察、认识现实，才可能全面深入。例如毛主席的《沁园春·雪》开头两句："千里冰封，万里雪飘"，就充分体现了诗人胸怀和思想的高度境界。

中国画不强调"光"，这并非不科学，而是注重表现长期观察的结果。拿画松树来说，以中国画家看来，如没有特殊的时间要求（如朝霞暮霭等），早晨八点钟或中午十二点，都不是重要的。重要的是表现松树的精神实质。像五代画家荆浩在太行山上描画松树，朝朝暮暮长期观察，画松"凡数万本，始得其真"。过去见一位作者出外写生，两个礼拜就画了一百多张，这当然只能浮光掠影，不可能深刻认识对象，更不可能创造意境。如果一位画家真正力求表现对象的精神实质，那么一棵树，就可以唱一出重头戏。记得苏州有四棵古老的柏树名叫"清""奇""古""怪"，经历过风暴、雷击，有一棵大树已横倒在地下，像一条巨龙似的；但是枝叶茂盛，生命力强，使人感觉很年轻的样子。经过两千多年，不断与自然搏斗，古老的枝干坚如铁石，而又重生出千枝万叶，使人感觉到它的气势和宇宙的力量。一棵树，一座山，观其精神实质，经过画家思想感情的夸张渲染，意境会更鲜明，木然地画画，是画不出好画的。每一处风景都有其各自不同的特色，如同人的性格差异一样，四川人说："峨眉天下秀，夔门天下险，剑阁天下雄，青城天下幽。"这话是有道理的。我们看颐和园风景，则是富丽堂皇，给人金碧辉煌的印象。一个山水画家，对所描绘的景物，一定要有强烈、真挚、朴素的感情，说假话不行。有的画家，没有深刻感受，没有表现自己亲身感受的强烈欲望，总是重复别人的，就谈不到意境的独创性。

肯定地说，画画要有意境，否则力量无处使，但是有了意境不够，还要有意匠；为了传达思想感情，要千方百计想办法。意匠即表现方法，表现手段的设计，简单地说，就是加工手段。齐白石有一印章"老齐手段"，说明他的画是很讲究意匠的。

意境和意匠是山水画的主要的两个关键，有了意境，没有意匠，意境也就落了空。杜甫说："意匠惨淡经营中"，又说："语不惊人死不休。"诗人、画家为了把自己的感受传达给别人，一定要苦心经营意匠，才能找到打动人心的艺术语言。

（选自《李可染论艺术》）

谈《狮子楼》

金　庸

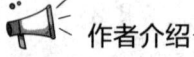

作者介绍

金庸，武侠小说作家、政治评论家和社会活动家。

金庸与古龙、梁羽生并称为"中国武侠小说三大宗师"。
他在1948年移居中国香港，是香港明报创办人，并著有"飞
雪连天射白鹿，笑书神侠倚碧鸳"等14部武侠小说。

　　《狮子楼》是出很短的武戏，是讲武松为兄长报仇，到狮子
楼上杀了西门庆的故事。在《水浒传》中，武松杀嫂杀西门庆，
用人头来祭武大郎，令人看得热血沸腾，大感痛快。所以有这种
感觉，因为在书里，我们已详细地看到西门庆、王婆、潘金莲三
人是如何残酷地害死了忠厚懦弱的武大，又看到武松的兄弟之情
是如何的诚挚恳笃。读者们的感情早已被培养起来，到了杀西门
庆这个高潮时，自然而然地会感到紧张，会觉得西门庆非杀不
可。但单是抽出这一节来在京戏中表演，而要能激起观众的情

绪，在戏剧的编写上确是有许多困难的。

杀西门庆一段文字在原书不过七八百字，要把它化成一个本身自成段落的独幕剧，颇有材料不足之感。在这个戏中，我们看到了我国京戏无名编剧家的才能。

首先要假定，观众不知道故事的前因后果，必须使观众明了武松这番行动的目的。在戏里，我们看到武松回家，发现哥哥已死，悲痛之中，见嫂嫂外穿孝服，里面却穿着红衣。在原作中并不是这样写的，因为施耐庵有充裕的篇幅来写潘金莲怎样洗去脂粉，拔去首饰钗环，脱去红裙绣袄，换上孝裙孝衫，假哭下楼。但京戏只用外白内红的衣饰，立刻鲜明而迅捷地表明内中必有奸情。事实上，潘金莲恐怕不会傻得在孝衣之中穿着红裳，但京戏用了这夸张手法，很简捷地表现了整个故事的关键所在。

西门庆在狮子楼包下了整层楼，不许别人上来喝酒，在书中并没有这一件事。但这一个小节，不是很明白地表现了西门庆卖弄财主身份、仗势欺人，在当地无法无天吗？

武松到官府告状，反被责打四十板，这在原书也是没有的，然而这件事，不也是很明白地表现了阳谷县官府受西门庆之贿、颠倒是非曲直的情况吗？

这出戏用三个小情节来举出了三个关键性的事实：潘金莲因奸情而害死丈夫，主谋的西门庆是当地的土豪，县官受贿而不肯主持正义。这三个小情节虽然都不是原作中所有，但却生动、正确而又简洁地包括了原作中所详细描写的全部背景事件，为武松杀西门庆准备了充分的理由。观众们会感到：这口气非出不可，西门庆非杀不可。于是大家怀着紧张的心情来看好戏的上演。在一般电影，培养这种气氛和感情只怕得用一小时的时间，但这出

谈《狮子楼》

戏只用短短的几个场面就达成了，它高度集中和洗练的艺术手法，是值得注意的。

武松与西门庆的打斗，主要的中心是在一把刀上。武松手中有刀，西门庆没有。西门庆丢了一把酒壶过来，给武松一刀劈开，在激斗中，武松的刀被西门庆夺了过去，最后武松又将刀夺回，一刀将西门庆杀死。这场打斗是紧凑的性命相搏，时间没有《三岔口》或《打店》中《摸黑》那么长，但更加狠、更加猛。有人问：武松这样厉害，西门庆哪里是他的敌手？两人打得这么激烈，一把刀抢来抢去，只怕与原作中描写的形象不大符合吧？

武松有刀而西门庆无刀，《水浒》原书是这样写的。施耐庵所写的英雄个个性格不同。武松又英雄又精细，决不像鲁智深或李逵那么鲁莽。《水浒》描写武松打虎，他手中拿着一根哨棒，作者把这哨棒提了许多次，写到打虎时，一哨棒下来，正在紧要关头，却打在树枝之上。哨棒折为两段，武松只得空手打虎。武松如果自恃勇力，不拿武器，那是莽夫行径；然而在危急之中，不得不徒手打死老虎，这愈显他的神威。在狮子楼上也是这样，武松力足杀虎，搏一西门庆何足道哉，但他偏要带一把"尖长柄短背厚刃薄的解腕刀"。在冲上楼时，又被西门庆一脚踢去刀子。带刀，是武二的精细，空手把西门庆打下楼，是武二的神威。金圣叹在批改《水浒》一书中有大批谬论，但他说武松杀虎用全力，杀嫂用全力、杀西门庆也用全力，正如狮子搏象用全力，搏兔也用全力。这个比喻我倒觉得不无道理。杀西门庆的地方是狮子街上、狮子桥边的狮子楼，作者或许是以较虎更具神威的狮子来比喻武松吧。

武松戏历史已很悠久，清代乾嘉年间《挑帘裁衣》(讲西门庆勾引潘金莲故事）一剧在北京曾大红特红，不过这不是京剧的二黄戏。讲到京戏中的武松，还是要数到盖叫天。田汉送他的一首诗中曾说，"鸳鸯楼头横刀立，不许人间有大虫"，把武松的威风气概、他疾恶如仇的豪侠心肠，表现得极有气派。盖叫天演武松，不但演出了武松的神勇，也演出了他在每一种不同场合中的感情。比如说，武松见到老虎时是突然惊恐，见到西门庆时是满腔愤恨，见到孙二娘时是机警中带着俏皮，见到蒋门神是轻视中带着警惕。如果一味勇猛蛮打，力大逞刚强，那就不是极尽丈夫之致、绝伦超群的武二郎了。

《狮子楼》这戏是表现武松的愤恨，这种愤恨，是比《鸳鸯楼》上杀张都监时、比《飞云浦》上脱铐杀解差时更为深刻的，那是一种眼中喷血的极度悲愤。我们看黄元庆所饰的这个角色双眉直竖、嘴角下弯，各种动作，都比《打店》中所演的远为火爆迅速。两出同为武松的短打戏，但因角色的感情不同，表演的节奏也就大有异致。单以武松的踢鸾带为例，在《打店》中是一种潇洒的得意之情，而在《狮子楼》，则在一踢之中含蕴着抑制不住的怒火。

一九五六年七月十日
（这些戏评当年均为《大公报》所写，对来自北京的
京戏赞多弹少，略有政治偏见，但尚不失公正。）

（选自《金庸散文集》）

空城计（节选）

徐世英　编著

📢 作者介绍

徐世英，作者情况不详。

主要唱段

诸葛亮（〔唱西皮摇板〕）我用兵数十年从来谨慎，错用了小马谡无用之人。无奈何设空城计我的心神不定，望空中求先帝大显威灵！

诸葛亮（唱〔西皮摇板〕）恨马谡失街亭令人可恨，这时候倒教我难以调停。老军们因何故纷纷议论？国家事用不着尔等劳心。这西城原本是咽喉路径，我城内早埋伏有十万神兵。叫老军扫街道把宽心拿稳，〔散板〕退司马保空城全仗此琴。

司马懿（唱〔西皮导板〕）大队人马往西城，〔散板〕为何大开两扇门？

司马懿（唱〔西皮流水〕）坐在马上传将令，大小三军听分明：哪一个大胆把西城进，定斩人头不徇情！

诸葛亮（唱〔西皮慢板〕）我本是卧龙岗散淡的人，凭阴阳如反掌保定乾坤。先帝爷下南阳御驾三请，算就了汉家的业鼎足三分。官封到武乡侯执掌帅印，东西战南北剿博古通今。周文王访姜尚周室大振，汉诸葛怎比得前辈的先生。闲无事在敌楼我亮一亮琴音，〔原板〕我面前缺少个知音的人。

司马懿（唱〔西皮原板〕）有本督在马上观动静，诸葛亮在城楼饮酒抚琴。左右琴童人两个，打扫街道俱都是老弱残兵。我本当传将令杀进城，〔流水〕又恐怕中了巧计行。勒住丝缰把话论，尊声南阳诸葛孔明：任你设下千般计，棋逢对手一般平。

诸葛亮（唱〔西皮二六〕）我正在城楼观山景，耳听得城外乱纷纷。旌旗招展空翻影，却原来是司马发来的兵。我也曾差人去打听，打听得司马领兵往西行。一来是马谡无谋少才能，二来是将帅不和失街亭。你连得三城多侥幸，贪而无厌又夺我西城。诸葛亮在敌楼把驾等，等候了司马到此谈、谈、谈谈心。西城的街道打扫净，预备着司马好屯兵。诸葛亮无有别的敬，早预备下羊羔美酒犒赏你的三军。既到此就该把城进，为什么犹疑不定、进退两难，为的是何情？左右琴童人两个，我是又无有埋伏又无有兵。你不要胡思乱想心不定，你就来、来、来，请上城来听我抚琴。

司马懿（唱〔西皮摇板〕）左思右想心不定，城内定有埋伏兵。

诸葛亮（唱〔西皮散板〕）人言司马善用兵，到此不敢进空城。诸葛从来不弄险，险中又险显才能。

（选自《京剧唱词选注》）

217

空城计（节选）

牡丹亭（节选）

明·汤显祖

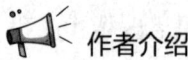 作者介绍

汤显祖，字义仍，号海若，自署清远道人，别号玉茗堂主人，中国明代戏曲家、文学家。汤显祖是中国文学史上和关汉卿、王实甫齐名的戏曲家。

著有传奇《牡丹亭》《邯郸记》《南柯记》《紫钗记》，合称《玉茗堂四梦》。汤显祖曾说："一生四梦，得意处唯在牡丹。"《牡丹亭》是汤显祖的代表作，也是我国戏曲史上浪漫主义的杰作。

第十出 惊 梦

【绕地游】（旦）梦回莺啭。乱煞年光遍。人立小庭深院。（贴）炷尽沉烟。抛残绣线。怎今春关情似去年？

【步步娇】（旦）袅晴丝吹来闲庭院，摇漾春如线。停半晌，整花钿。没揣菱花，偷人半面，迤逗的彩云偏。（行介）步香闺怎便把全身现！

【醉扶归】（旦）你道翠生生出落的裙衫儿茜，艳晶晶花簪八宝填。可知我常一生儿爱好是天然。恰三春好处无人见。不提防沉鱼落雁鸟惊喧，则怕的羞花闭月花愁颤。

【皂罗袍】原来姹紫嫣红开遍。似这般都付与断井颓垣。良辰美景奈何天，赏心乐事谁家院？恁般景致，我老爷和奶奶再不提起。（合）朝飞暮卷，云霞翠轩；雨丝风片，烟波画船。锦屏人忒看的这韶光贱！

（贴）是花都放了，那牡丹还早。

【好姐姐】（旦）遍青山啼红了杜鹃，荼蘼外烟丝醉软。春香呵，牡丹虽好，他春归怎占的先？（贴）成对儿莺燕呵，（合）闲凝眄，生生燕语明如剪，呖呖莺歌溜的圆。

【山桃红】则为你如花美眷，似水流年。是答儿闲寻遍。在幽闺自怜。小姐，和你那答儿讲话去。（旦作含笑不行）（生作牵衣介）（旦低问）那边去？（生）转过这芍药栏前，紧靠着湖山石边。（旦低问）秀才，去怎的？（生低答）和你把领扣松，衣带宽，袖梢儿揾着牙儿苫也，则待你忍耐温存一晌眠。（旦作羞，生前抱，旦推介。合）是那处曾相见？相看俨然。早难道这好处相逢无一言？

（选自《千古绝唱：古代戏曲唱词精选》）

长生殿（节选）

清·洪昇

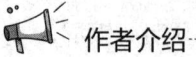作者介绍

洪昇，字昉思，号稗畦，清代戏曲作家、诗人。
代表作《长生殿》，与孔尚任并称"南洪北孔"。

第十二出　制　谱

【仙吕过曲】【醉罗歌】【醉扶归】（老旦上）西宫才奉传呼罢，安排水榭要清佳。慢卷晶帘散朝霞，玉钩却映初阳挂。奴家永新是也。与念奴妹子同在西宫，承应贵妃杨娘娘。我娘娘再入宫闱，万岁爷更加恩幸。真乃"三千宠爱在一身，六宫粉黛无颜色"。今早娘娘分付，收拾荷亭，要制曲谱。念奴妹子在那里伏侍晓妆，奴家先到此间，不免将文房四宝，摆设起来。【皂罗袍】你看笔床初拂，光分素劄；砚池新注，香浮墨华——绿阴深处多幽雅。【排歌尾】竹风引，荷露洒，对波纹帘影弄参差。

呀，兰麝香飘，珮环风定，娘娘早则到也。（旦引贴上）

【正宫引子】【新荷叶】幽梦清宵度月华，听《霓裳羽衣》歌罢。醒来音节记无差，拟翻新谱消长夏。

"斗画长眉翠淡浓，远山移入镜当中。晓窗日射胭脂颊，一朵红酥旋欲融。"我杨玉环自从截发感君之后，荷宠弥深。只有梅妃《惊鸿》一舞，圣上时常夸奖。思欲另制一曲，掩出其上。正在推敲，昨夜忽然梦入月宫。见桂树之下，仙女数人，素衣红裳，奏乐甚美。醒来追忆，音节宛然。因此分付永新，收拾荷亭，只待细配宫商，谱成新曲。（老旦）启娘娘：纸、墨、笔、砚，已安排齐备了。（旦）你与念奴一同在此伺候。（老旦、贴应，作打扇、添香介）（旦作制谱介）

【正宫过曲】【刷子带芙蓉】【刷子序】荷气满窗纱，鸾笺慢伸犀管轻拏，待谱他月里清音，细吐我心上灵芽。这声调虽出月宫，其间转移过度，细微曲折之处，须索自加细审。安插，一字字要调停如法，一段段须融和入化。这几声尚欠调匀，拍畲怎下？（内作莺啼，旦执笔听介）呀，妙阿！（作改介）【玉芙蓉】听宫莺、数声恰好应红牙。

（搁笔介）谱已制完，永新，是什么时候了？（老旦）晌午了。（旦）万岁爷可曾退朝？（老旦）尚未。（旦）永新，且随我更衣去来。念奴在此伺候，万岁爷到时，即忙通报。（贴）领旨。（旦）"好凭晚镜增蛾翠，漫试香纱换蝶衣。"（引老旦随下）

（生行上）

【渔灯映芙蓉】【山渔灯】散千官，朝初罢。拟对玉人，长昼闲话。寡人方才回宫，听说妃子在荷亭上，因此一径前来。依流水待觅胡麻，把银塘路踏。（作到介）（贴见介）呀，万岁爷到了。（生）念奴，你娘娘在何处闲欢耍？怎堆香几有笔砚交加？（贴）娘娘在此制谱，方才更衣去了。（生）妃子，妃子！美人韵事，被你都占尽也。但不知制甚曲谱，待寡人看来。（作坐翻看介）消详从头觑咱。妙哉，只这锦字荧荧银钩小，更度羽换宫没半米差。好奇怪，这谱连寡人也不知道。细按音节，不是人间所有，似从天下，果曲高和寡。妃子，不要说你娉婷绝世，只这一点灵心，有谁及得你来？【玉芙蓉】恁聪明、也堪压倒上阳花。

【普天赏芙蓉】【普天乐】（旦换妆，引老旦上）换轻妆，多幽雅。试生绡添潇洒。（见生介）臣妾见驾。（生扶介）妃子坐了。（坐介）（生）妃子，看你晚妆新试，妩媚益增。似迎风袅袅杨枝，宛凌波濯濯莲花。芳兰一朵斜把云鬟压，越显得庞儿风流煞。（旦）陛下今日退朝，因何恁晚？（生）只为灵武太守员缺，地方紧要，与廷臣议了半日，难得其人。朕特擢郭子仪，补授此缺，因此退朝迟了。（旦）妾候陛下不至，独坐荷亭，爱风来一弄明纱，闲学谱新声奏雅。【玉芙蓉】怕输他舞《惊鸿》、曲终满座有光华。

（生）寡人适见此谱，真乃千古奇音，《惊鸿》何足道也！（旦）妾凭臆见，草草创成。其中错误，还望陛下更定。（生）再同妃子，细细点勘一番。（老旦、贴暗下）（生、旦并坐翻谱介）

【朱奴折芙蓉】【朱奴儿】倚长袖香肩并亚；翻新谱玉纤同把。（生）妃子，似你绝调佳人世真寡，要觅破绽并无毫发。再问妃子，此谱何名？（旦）妾于昨夜梦入月宫，见一群仙女奏乐，尽着霓裳羽衣。意欲取此四字，以名此曲。（生）好个"霓裳羽衣"！非虚假，果合伴天香桂花。【玉芙蓉】（作看旦介）觑仙姿、想前身原是月中娃。

此谱即当宣付梨园，但恐俗手伶工，未谙其妙。朕欲令永新、念奴，先抄图谱，妃子亲自指授。然后传与李龟年等，教习梨园子弟，却不是好。（旦）领旨。（生携旦起介）天已薄暮，进宫去来。

【尾声】晚风吹，新月挂，（旦）正一缕凉生凤榻。（生）妃子，你看这池上鸳鸯早双眠并蒂花。

（生）芙蓉不及美人妆，王昌龄（旦）杨柳风多水殿凉。
刘长卿
（老旦）花下偶然歌一曲，曹唐（合）传呼法部按《霓裳》。王建

（选自《长生殿》）

受戒（节选）

汪曾祺

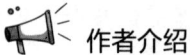 作者介绍

汪曾祺，现代著名小说家、散文家、京派小说传人。

著有《邂逅集》《羊舍的夜晚》《骑兵列传》《受戒》《大淖记事》等。

明子老往小英子家里跑。

小英子的家像一个小岛，三面都是河，西面有一条小路通到荸荠庵。独门独户，岛上只有这一家。岛上有六棵大桑树，夏天都结大桑葚，三棵结白的，三棵结紫的，一个菜园子，瓜豆蔬菜，四时不缺。院墙下半截是砖砌的，上半截是泥夯的。大门是桐油油过的，贴着一副万年红的春联：

向阳门第春常在
积善人家庆有余

门里是一个很宽的院子，院子里一边是牛屋、碾棚，一边是猪圈、鸡窠，还有个关鸭子的栅栏。露天地放着一具石磨。正北面是住房，也是砖基土筑，上面盖的一半是瓦，一半是草。房子翻修了才三年，木料还露着白茬。正中是堂屋，家神菩萨的画像上贴的金还没有发黑。两边是卧房。隔扇窗上各嵌了一块一尺见方的玻璃，明亮亮的，——这在乡下是不多见的。房檐下一边种着一棵石榴树，一边种着一棵栀子花，都齐房檐高了。夏天开了花，一红一白，好看得很。栀子花香得冲鼻子。顶风的时候，在荸荠庵都闻得见。

　　这家人口不多。他家当然是姓赵。一共四口人：赵大伯、赵大娘，两个女儿，大英子、小英子。老两口没有儿子。因为这些年人不得病，牛不生灾，也没有大旱大水闹蝗虫，日子过得很兴旺。他们家自己有田，本来够吃的了，又租种了庵上的十亩田。自己的田里，一亩种了荸荠，——这一半是小英子的主意，她爱吃荸荠，一亩种了茨菰。家里喂了一大群鸡鸭，单是鸡蛋鸭毛就够一年的油盐了。赵大伯是个能干人。他是一个"全把式"，不但田里场上样样精通，还会罩鱼、洗磨、凿砻、修水库、修船、砌墙、烧砖、箍桶、劈篾、绞麻绳。他不咳嗽，不腰疼，结结实实，像一棵榆树。人很和气，一天不声不响。赵大伯是一棵摇钱树，赵大娘就是个聚宝盆。大娘精神得出奇。五十岁了，两个眼睛还是清亮亮的。不论什么时候，头都是梳得滑溜溜的，身上衣服都是格挣挣的。像老头子一样，她一天不闲着。煮猪食、喂猪，腌咸菜，——她腌的咸萝卜干非常好吃，舂粉子，磨小豆腐，编蓑衣，织笆筐。她还会剪花样子。这里嫁闺女，陪嫁妆，磁坛子、锡罐子，都要用梅红纸剪出吉祥花样，贴在上面，讨个吉利，也才好看："丹凤朝阳"呀、"白头到老"呀、"子孙万代"呀、"福寿绵长"呀。二三十里的人家都来请她："大娘，好日子是十六，你哪天去呀？"——"十五，我一大清早就来！"

"一定呀！"——"一定！一定！"

两个女儿：长得跟她娘像一个模子里托出来的。眼睛长得尤其像，白眼珠鸭蛋青，黑眼珠棋子黑，定神时如清水，闪动时像星星。浑身上下，头是头，脚是脚。头发滑溜溜的，衣服格挣挣的。——这里的风俗，十五六岁的姑娘就都梳上头了。这两个丫头，这一头的好头发！通红的发根，雪白的簪子！娘女三个去赶集，一集的人都朝她们望。

姐妹俩长得很像，性格不同。大姑娘很文静，话很少，像父亲。小英子比她娘还会说，一天咭咭呱呱地不停。大姐说：

"你一天到晚咭咭呱呱——"

"像个喜鹊！"

"你自己说的！——吵得人心乱！"

"心乱？"

"心乱！"

"你心乱怪我呀！"

二姑娘话里有话。大英子已经有了人家。小人她偷偷地看过，人很敦厚，也不难看，家道也殷实，她满意。已经下过小定，日子还没有定下来。她这二年，很少出房门，整天赶她的嫁妆。大裁大剪，她都会。挑花绣花，不如娘。她可又嫌娘出的样子太老了。她到城里看过新娘子，说人家现在绣的都是活花活草。这可把娘难住了。最后是喜鹊忽然一拍屁股："我给你保举一个人！"

这人是谁？是明子。明子念"上孟下孟"的时候，不知怎么得了半套《芥子园》，他喜欢得很。到了荸荠庵，他还常翻出来看，有时还把旧账簿子翻过来，照着描。小英子说：

"他会画！画得跟活的一样！"

小英子把明海请到家里来，给他磨墨铺纸，小和尚画了几张，大英子喜欢得不得了：

"就是这样！就是这样！这就可以乱屑！"——所谓"乱屑"是绣花的一种针法：绣了第一层，第二层的针脚插进第一层的针缝，这样颜色就可由深到淡、不露痕迹，不像娘那一代绣的花是平针，深浅之间，界线分明，一道一道的。小英子就像个书僮，又像个参谋：

"画一朵石榴花！"

"画一朵栀子花！"

她把花掐来，明海就照着画。

到后来，凤仙花、石竹子、水蓼、淡竹叶、天竺果子、蜡梅花，他都能画。

大娘看着也喜欢，搂住明海的和尚头：

"你真聪明！你给我当一个干儿子吧！"

小英子捺住他的肩膀，说：

"快叫！快叫！"

小明子跪在地下磕了一个头，从此就叫小英子的娘做干娘。

大英子绣的三双鞋，三十里方圆都传遍了。很多姑娘都走路坐船来看。看完了，就说："啧啧啧，真好看！这哪是绣的，这是一朵鲜花！"她们就拿了纸来央求大娘求了小和尚来画。有求画帐檐的，有求画门帘飘带的，有求画鞋头花的。每回明子来画花，小英子就给他做点好吃的，煮两个鸡蛋，蒸一碗芋头，煎几个藕团子。

因为照顾姐姐赶嫁妆，田里的零碎活小英子就全包了。她的帮手，是明子。

这地方的忙活是栽秧、车高田水、薅头遍草，再就是割稻子、打场了。这几茬重活，自己一家是忙不过来的。这地方兴换工。排好了日期，几家顾一家，轮流转。不收工钱，但是吃好的。一天吃六顿，两头见肉，顿顿有酒。干活时，敲着锣鼓，唱着歌，热闹得很。其余的时候，各顾各，不显得紧张。

薅三遍草的时候，秧已经很高了，低下头看不见人。一听见非常脆亮的嗓子在一片浓绿里唱：

　　　　栀子哎开花哎六瓣头哎……
　　　　姐家哎门前哎一道桥哎……

明海就知道小英子在哪里，三步两式就赶到，赶到就低头薅起草来。傍晚牵牛"打汪"，是明子的事。——水牛怕蚊子。这里的习惯，牛卸了轭，饮了水，就牵到一口和好泥水的"汪"里，由它自己打滚扑腾，弄得全身都是泥浆，这样蚊子就咬不透了。低田上水，只要一挂十四轧的水车，两个人车半天就够了。明子和小英子就伏在车杠上，不紧不慢地踩着车轴上的拐子，轻轻地唱着明海向三师父学来的各处山歌。打场的时候，明子能替赵大伯一会，让他回家吃饭。——赵家自己没有场，每年都在荸荠庵外面的场上打谷子。他一扬鞭子，喊起了打场号子：

"格当嘚——"

这打场号子有音无字，可是九转十三弯，比什么山歌号子都好听。赵大娘在家，听见明子的号子，就侧起耳朵：

"这孩子这条嗓子！"

连大英子也停下针线：

"真好听！"

小英子非常骄傲地说：

"一十三省数第一！"

晚上，他们一起看场。——荸荠庵收来的租稻也晒在场上。他们并肩坐在一个石磙子上，听青蛙打鼓，听寒蛇唱歌，——这个地方以为蝼蛄叫是蚯蚓叫，而且叫蚯蚓为"寒蛇"，听纺纱婆子不停地纺纱，"呦——"，看萤火虫飞来飞去，看天上的流星。

"呀！我忘了在裤带上打一个结！"小英子说。

这里的人相信，在流星掉下来的时候在裤带上打一个结，心里想什么好事，就能如愿。

……

（选自《汪曾祺经典作品》）

为了一个人的爱

［美］杰克·伦敦 著 石雅芳 雨 宁 译

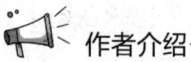
作者介绍

杰克·伦敦，美国著名的现实主义作家。

代表作有《野性的呼唤》《海狼》《白牙》《马丁·伊登》《热爱生命》《老头子同盟》《北方的奥德赛》《马普希的房子》《沉寂的雪原》等。

约翰·桑顿在去年12月冻坏了脚，他的伙伴们为他安排舒适后，离他而去，让他恢复健康，而他们自己则坐上圆木做成的木筏，溯江而上，往道森去了。在营救巴克的时候，约翰·桑顿走路时脚还有些瘸，但是随着天气不断转暖，轻微的脚瘸就消失了。在悠长的春天日子里，巴克躺在河岸旁，眼睛注视着奔流的江水，耳朵懒散地听着鸟儿唱着歌，大自然哼着曲儿，他慢慢地恢复了体力。

行走了3000英里后能休息一下，真是再好不过的事了，巴克的伤疤愈合了，他的肌肉隆了起来，肉重新又盖住了他的骨头，不再是瘦骨嶙峋的样子了，但是有一点必须承认，他变得懒惰了。就这点而言，大家都是虚度光阴——巴克、约翰·桑顿及斯基特、尼格——都在等待木筏来将他们运往道森。斯基特是只爱尔兰塞特种小猎狗，她早早地与巴克交了朋友，当时巴克还奄奄一息，无法讨厌她的主动套近乎。有些狗有给人治病的本领，她就是这样的狗；就如母猫洗她的猫崽儿那样，她清洗了巴克的伤口。而且经常地给他清洗，每天早晨他吃完早饭，她就履行她给自己指定的职责，后来他就如期待桑顿的照顾那样，开始期待她的服侍。尼格同样很友好，尽管表露得不那么直接，他是一只大黑狗，一半是侦探犬种，一半是猎鹿犬种，一双眼睛总带着笑意，有着非常好的脾气。

让巴克惊奇的是，这些狗没对他表示嫉妒。他们一同分享着约翰·桑顿的厚道和宽容。在巴克渐渐长得强壮的时候，他们吸引他去参加各式各样的荒唐游戏，连桑顿自己都忍不住加盟于其中；这样，巴克在游戏中恢复了健康，并开始了一种全新的生活。他第一次有了爱，真正热烈的爱。在阳光普照的圣克拉拉峡谷的法官米勒家里，他没有体验过这种爱。他与法官的儿子们一同狩猎和徒步旅行，与他们建立的是一种工作伙伴关系；他陪着法官的孙儿们时，成了他们的神气十足的保护神；他与法官本人建立了一种庄严高贵的友谊。但是约翰·桑顿所唤醒的是一种强烈的、炽热的爱，它是崇拜，是疯狂。

这个男人救了他的性命，这件事非同小可；而且他是个理想的男主人。其他的人从责任感及工作利益的角度关心他们狗的幸福；他关心的是他的幸福，仿佛狗是他自己的孩子一般，他因为情不自禁才这么做的。并且他想到的不仅仅是这些。他忘不了亲切地问候一声或者说上一句令人振奋的话语，他还会坐下来与他们进行长时间的交谈——他把这种交谈称作"瞎吹"——不仅是他们也包括他感到这样的交谈无比的快乐。他习惯粗暴地用双手捧住巴克的头，自己的头枕在巴克的头上，来回地摇动，嘴里用各种各样的诨名叫他，但这些诨名在巴克的耳里便成了昵称。巴克知道，没有比这粗暴的相拥以及低声的咒骂更快乐的事了，每一次前后来回的摇晃，他都觉得他的心好像都快从他的体内蹦出来了，他沉浸在销魂般的极大的快乐之中。当放开时，他的脚跳着站了起来，他的嘴在笑，眼睛里闪着动人的目光，他的喉咙在颤抖，含着没有发出的声音，他就这样一动不动地站在那儿，约翰·桑顿不无敬意地喊道，"我的天啊！你几乎能开口说话了！"

巴克有一种表达爱的方法，它看上去很像要伤害人。他经常用嘴抓起桑顿的手，用力咬住，以至于手上好一会儿还留下他的齿印。正如巴克把诨名作昵称理解一样，这个男人也把他的齿印看做是爱抚。

不过，在大多数情况下，巴克的爱是用崇拜表达的。桑顿触摸他或对他讲话时，他欣喜若狂，但是，他并不强求爱的赐予。斯基特就不同了，她习惯用鼻子挤到桑顿的手心下面，在那里蹭来蹭去，直到受到抚摸为止，尼格也不同，他会坐直身子，把硕大的脑袋放在桑顿膝盖上，而巴克则满足于远远地看着。他会在桑顿的脚旁一小时一小时地躺着，带着渴望与清醒，仰望着他的脸，端详着它，琢磨着它，饶有兴趣地追踪着那脸上掠过的每一个表情、每一个动作、每一个五官的变化。或者，他也很有可能会躺在更远一点的地方，或在侧面，或在他身后，注视着这个男人的轮廓以及他身体难得发出的动作。巴克凝视的目光，经常会使约翰·桑顿转过头来，他一语不发地回视着巴克，正如巴克的感情在他的目光中流露一样，约翰·桑顿满心的爱意闪烁在他的目光中。

在得到营救后的很长一段时间里，巴克都不希望桑顿离开他的视野。从离开帐篷的那刻起，到他重新返回帐篷，巴克都跟在他的屁股后面。自从他进入北国以来，他的主人们总是转瞬即逝，这在他心中养成了一种主人不会常驻的恐惧心理。他担心桑顿会像毕罗尔特、弗兰克斯以及半苏格兰血统的混血儿那样，从他的生活中消失。甚至在夜里，在梦中，他都在承受着这种恐惧的折磨。在恐惧的时候，他会摆脱睡意，悄悄从寒冷中爬到帐篷旁边，站在那里，倾听他男主人的鼻息声。

他对约翰·桑顿的这种热爱似乎是温文尔雅的文明的影响。然而，北国生活在他身上所唤醒的原始血统依然跃跃欲试，充满着活力。忠实和奉献——火和房的产物——是他的特性；可是，他保留了他的野性和狡猾。他是荒野之子，他从荒野来到约翰·桑顿的火堆旁，坐了下来，他并不是一条身上烙着几代文明烙印的温文尔雅的南方狗。由于他对这个男人的一腔热爱，他不能从他那里偷东西，但是在别人那里，在别的帐篷里，他会毫不犹豫地行窃；而且盗窃时的狡诈使他能免遭被发现的危险。

他的脸上和身体上，留下很多狗的齿印，而他打起架来还是一如既往的凶猛，甚至更加精明狡猾。斯基特与尼格性情太温和，不会吵架——再说，他们是约翰·桑顿的狗；但是，陌生狗，无论是什么品种的狗或是怎样勇敢的狗，迅速承认了巴克的霸权地位，或者发现自己在与一个可怕的敌人进行殊死的抗争。

而巴克是毫不留情的。他已经领教了棍棒和犬牙的法则，他决不放弃一个机会，由于他早已走上了死亡之路，因此面对敌手，他决不退步。他从丝毛犬的身上获得教训，从警方及拉邮橇的强大的好斗的狗那里获得教训，知道没有中庸之道可行。他不是当霸主就是当奴隶；表示仁慈便是弱点。在原始的生命里不存在慈悲。有把慈悲误认为恐惧，而这样的误解铸就了死亡。你要么去杀戮，要么被杀死，你要么当吞食者，要么被吞噬，这就是法律；这条训令，是从远古时代传下来的，他服从于它。

他已很年老，比他眼前所见的岁月及呼吸的空气要年长。他联系着过去与现在，而他身后的永恒，带着强有力的节奏在跳动，随着这种节奏，潮涨潮落，四季更替，他也在发生变化。他长着宽大的胸脯，白色的犬牙，长长的皮毛，坐在约翰·桑顿的火堆旁；但是在他的身后，有各种各样的狗、似狼非狼及野狼的幽灵，他们迫不及待，蠢蠢欲动，要品尝他所吃的肉味，对他所喝的水垂涎欲滴，嗅着他放的臭屁，与他一同倾听并告诉他，森林里野蛮生命所发出的声音是什么样的；他们支配着他的情绪，引导着他的行动，在他躺下时，与他一同躺下睡觉，与他一同进入梦乡，并能超越他，将他们自己成为他梦中的内容。

因此，这些鬼怪幽灵不容分说地召唤着他，于是人类及人类的要求一天天地离他远去。在森林深处，传来了一种呼唤，他时常听到这种呼唤，它莫名其妙地刺激着他，引诱着他，他觉得自己忍不住要掉过头，离开火堆以及火堆旁久经踩踏的泥土，扑入森林，一直向前，他不清楚自己将走向何处，为什么要向前走；他也不想清楚，要去什么地方，为什么要去，在森林深处，这呼唤听上去很专制生硬。他虽然经常走到那绵绵不断的大地及绿树阴里，但是对约翰·桑顿的爱总是再一次将他拉回到了火堆旁。

只有桑顿一人勾留住了他。其余的人似乎都微不足道。难得相遇的旅行者称赞他，宠爱他；但是对这些他都无动于衷，甚至对表现得过头的人，他会站起来走得远远的。当桑顿的伙伴汉斯和皮特坐着叫人望眼欲穿的木筏到来的时候，巴克看也不看他们一眼，后来他才听说他们与桑顿是亲密朋友；知道这一层关系后，他才宽容地对他们，接受他们的各种好意，但态度很勉强，似乎接受他们的好意，那是对他们的恩宠。他们与桑顿一样，都人高马大，活得潇洒自然，思维简单，目光清澈；在他们的木筏被卷入道森锯木厂附近的那个大旋涡之前，他们就理解了他及他的行为举止，因此，没有强求从他那里得到如他们从斯基特及尼格身上得到的那种亲近。

不过，巴克对桑顿的爱好像在不断增加。在这些人中，只有他可以在夏天的旅行中，在巴克的背上放上一个旅行包。当桑顿开口发令的时候，巴克没有事情不遵从他的。一天（他们用抵押木筏的收益做了物质保证，离开道森，往塔纳诺河的上游进发），这些男人与众狗们正坐在一个悬崖顶上，这是个悬崖峭壁，脚下三百英尺处就是岩基。约翰·桑顿坐在近崖边，巴克坐在他的肩头旁。桑顿这时突发奇想，并将汉斯和皮特的注意吸引到他的奇思怪念上来。"跳，巴克！"他发出命令，手臂向外一划，划向深渊的上方。紧接着，他便与巴克扭作一团，在悬崖边上挣扎，汉斯和皮特赶紧将他们拉回了安全地带。

"真不可思议，"皮特说，这时惊险一幕已过，大家能开口说话了。

桑顿摇了摇他的头。"是的，漂亮极了，但也可怕极了。你

们可知道，有时这一点让我很害怕。"

"他在你身边时，我就别梦想碰你一下，"皮特下结论般地说，他的头朝巴克方向点了一下。

"对，就是这样的！"汉斯也附和道。"我也别想。"

在这一年临近结束的时候，在瑟克尔城，皮特的担心得到了验证。"黑脸"伯顿是个脾气暴躁、心怀叵测的人，他在酒吧里向一个新手寻事吵架，见之，桑顿和气地劝架。巴克按他的老习惯，伏躺在一个角落里，头枕在爪上，眼睛留神着他男主人的每一个行动。伯顿趁人不备时，突然从肩头一拳打出去。桑顿被打了个转向，好不容易抓住柜台的扶手，才没有倒在地上。

这时，只听一声吼叫，旁观的人耳中听到的既不是嚎叫，也不是犬吠，那叫声称作咆哮最合适不过，只见巴克离开地面，向上纵身一跳，扑向伯顿的咽喉。伯顿本能地伸出手臂挡住，才保住了性命，但是他的人被摔倒在地上，巴克骑在他的身上。巴克松开咬住他手臂的牙齿，再一次去咬他的咽喉。这回，伯顿没有完全挡得了，于是，他的咽喉被撕咬开来。这时，大伙扑向巴克，将他赶开；但是，当外科医生检查流血情况时，他还在那里徘徊着，狂怒地嚎叫着，试图冲进去，被一排棍棒赶了回来。于是，当场召开了"矿工会议"，判决这狗容易发狂，于是巴克被驱逐出了门。但是他却因此出了名，从那天起，他的名字传遍了阿拉斯加的每一个营地。

后来，在那年的秋天，他又以完全不同的方式救了约翰·桑顿的性命。三个伙伴在40英里溪上航行的时候，他们在一段险恶湍流里放下了一只窄长的撑杆小船。汉斯和皮特沿着河岸，挨着一棵一棵的树用一根马尼拉缆绳，给船制动，桑顿留在小船上，用撑杆撑着小船向下航行，并对着岸上喊着口令。巴克在岸上与小船并肩而行，他心里在发愁，在担忧，眼睛一刻也不离开他的男主人。

在一个特别险恶的地方，一块露出水外的暗礁突出在河中间，汉斯放出绳子，桑顿撑着小船往溪流中央过去，要躲过那块暗礁，汉斯手里拿着绳子头，沿着河岸向前跑去，要制住小船。小船确实躲过了暗礁，并且它如急流般地飞流直下，汉斯想用绳控制住它，但动作太猛了些。小船摇摇晃晃朝岸边翻倒，船底翻了天，桑顿被摔离了小船，被水流带向湍流中最危险的地方，那地方的水流既湍急又凶猛，任何落水者都不可能从中活着游回来。

巴克立刻跳入湍流中，并在300码远的尽头，在一股翻滚的旋涡中，他追赶上了桑顿。当巴克感到他抓住了他尾部的时候，便使出全身的力气，朝岸边奋力游去。但是游向岸边的速度非常缓慢；顺流急下的速度却快得惊人。下面传来排山倒海的水的轰鸣声，那里的水将更加凶猛，岩石如巨梳的梳齿，水流在上面撞得水花飞溅，他们正处在水流最后一段急速俯冲直下的开端，其吞噬力大得吓人，桑顿知道游到岸边是不可能的事。他猛地从一块岩石上擦过，在第二块上撞得他浑身疼痛，接着一股粉碎性的冲力将他朝第三块岩石撞去。他放开巴克，用双手抓紧岩石滑溜溜的顶部，并且在湍流翻滚、急水轰鸣中，大声地喊："走开，巴克！走开！"

巴克自己都管不住了，被水流急速地往下卷去，他拼命挣扎，可是无力返回。当他听到桑顿重复指令的时候，他将身子部分抬出水面，高高地抬起头，似乎想再最后看一眼，然后，顺从地向岸边游去。他强有力地向前游去，但是最后，在他无法继续游，即将遭毁灭的关头，皮特和汉斯将他拖上了岸。

他们知道，在强大的水流面前，人抓住滑溜溜的岩石的时间只是几分钟而已，于是他们尽快跑回河岸，向桑顿抓住岩石的上游跑去。他们把那根用于给船制动的绳子系在巴克的脖子与肩膀上，同时注意既不至于把他勒死，又不能阻碍他游泳，然后，把他放入湍流中。他勇敢地划着水，但是没有立即朝河心游去。等他发现这个错误时，已经太迟了，这时，他与桑顿已并排而行，相互间只相差五六下划水的距离，而他却无望地被端流卷了过去。

汉斯迅速用绳子给他制动，犹如巴克是一条小船。他身上的绳子在水流中收紧了，他被猛地拉到水下，于是他一直留在水面下，直到身子撞到河岸上，被拉出水面为止。他已给淹得半死，汉斯和皮特扑到他身上，拍打着他的身体，使他恢复呼吸，并将他体内的水拍打出来。他趔趄地站起来，但又倒了下去。他们听到了桑顿微弱的声音，虽然他们听不清他在说什么，但他们知道他已身临绝境。男主人的声音如电击一样，在巴克身上起了作用。他跳起来，朝那两个男人前面的河岸跑去，来到前一次跳入湍流的地方。再一次绑好绳子，他又出发了，他再一次奋力划去，但这次笔直游向河心。他已经算错了一次，他不会第二次犯这样的错误。汉斯放出绳子，但又不让它出现松弛，同时，皮特当心它不乱作一团。巴克继续向河心游去，直到他与桑顿形成前后一直线；然后他转过身，用快车的速度笔直向他游过去。桑顿看见他游来了，巴克就像是一根古代的攻城木槌，撞击着他，尽管他身后水流强大有力，他伸出双臂，搂住了那个毛发蓬乱的脖子。汉斯把绳子绕树系住，使劲拖动着水下的巴克和桑顿。而他们感到给扼住了气，快要窒息了，人与狗一会儿你在上面，一会儿他翻到了上面，他们从参差不平的溪底拖过，猛烈地撞击在一块块的岩石及暗礁上，他们就这样来到了岸边。

桑顿肚子向下趴着，汉斯和皮特用一根漂流原木使劲在他身上来回推动，他苏醒了过来。他第一眼看到的就是巴克，这时的巴克身体软而无力，明显没了生气，尼格正在啼嚎，斯基特正在舔他的那张湿乎乎的脸及闭着的眼睛。桑顿虽然自己伤痕累累，然而当巴克苏醒过来时，他还从头到尾仔细地检查了他的身体，发现他断了三根肋骨。"那也好，"他宣布说，"我们就地扎营。"于是他们就扎下营来，一直等巴克的肋骨愈接，并能够行走为止。

那个冬天，巴克在道森又有了一起惊人的创举，也许没那么有英雄气概，但是足以让人们把他的名字在阿拉斯加著名的图腾柱上抬高好几个级别。这个创举尤其令这三个男人感到高兴；因为他们正需要成套装备，能进行他们向往已久的到未开垦的处女地东部进发的旅行，这时的东部还没有出现矿工。事情是由在黄金国沙龙的谈话引起的，人们在那里吹嘘夸耀起他们心爱的狗。由于巴克以前的英勇事迹，自然成了这些人谈论的对象，桑顿不得不坚决捍卫着他的声誉。吹嘘了半个小时后，有人说，他的狗不仅能拖动五百磅重的雪橇，还能自如地拉着雪橇行走；另一个男人吹牛说他的狗能拉六百磅重的雪橇；第三个人说他的能拉700磅。

"呸！呸！"约翰·桑顿说。"巴克能拉1000磅。"

"不仅能拖动雪橇，而且还能走上100码远？"马修森追问说，一个幸运大王，是他夸海口说了700磅。

"不仅能拖动雪橇，而且能走100码远，"约翰·桑顿镇静地说。

"那行，"马修森故意慢条斯理地说，目的是要让大家都听仔细，"我用 1000 美元做赌注说不行。喏，钱在这里。"他边说边把如大香肠大小的一袋沙金砰的一声放在柜台上。

没有人开口说一句话。

桑顿本想以势压人，如果这可以说是以势压人的话，他自己反倒给吓唬住了。他只觉得一股热血在缓缓地向他的脸上涌。他的舌头已经出卖了他。他不知道巴克拖不拖得动 1000 磅。那可是半公吨重！这惊人的重量可把他吓慌了。他一直相信，巴克力大无比，经常心中以为他能拖得动这样的重负；但是，以前从没有如同现在那样，直接面对着这种可能性，十多个人一声不响地等待着，眼睛都在盯着他。再说，他没有 1000 美元；汉斯和皮特也没有。

"我现在在外面停着一辆雪橇，上面装着 25 袋 50 磅重的面粉袋，"马修森马上毫不留情地接着说道，"因此，你别为这一点而为难。"

桑顿没作回答。他不知道说什么是好。他像一个失去思考能力的人，正在寻找使他重新恢复思考能力的事物，他向一张张的脸看去。吉姆·奥布赖恩的脸进入了他的眼帘，他是个淘金大王，是他的老朋友。这对他来说是一种暗示，好像在鼓励他去做他连做梦都没有想做的事。

"你能借给我 1000 吗？"他问道，声音低得几乎听不见。

"当然，"奥布赖恩答道，同时，将一只鼓鼓囊囊的袋子重重地放在了马修森的口袋旁边。"不过，我对这个畜生是否拖得动这么重的雪橇，没有太多的信心。"

黄金国里的人都一齐拥向街头，观看这场考验。桌子上全都空了，赌钱人与店里的人都出来看这场赌博的结果，都准备下注。几百个人穿着毛皮大衣，戴着毛皮手套，围站在雪橇的两侧附近。马修森的雪橇上装着一千磅重的面粉，在那里已停留了两三个小时了，天气极冷——零下60度——滑板已与硬邦邦的雪紧紧地冻在了一起。二成的人下赌说巴克拖不动，一成的人下在他拖得动。接着，大家对"拖动"这个词的模棱两可的意义争论了起来。奥布赖恩坚持说，桑顿有权将滑板扳松，让巴克将雪橇从静止状态下"拖动"起来。马修森则认为，"拖动"一词应包括将滑板从坚硬的雪里拖松的含义。目击这起打赌的大多数人都站在他的一方，于是，把赌注下到他一边的人数又增加了一成，形成三比一的阵势，赌巴克要输。

　　没有人站出来抗争。没有一个人相信巴克具有这样的能力。桑顿是急忙中逼入打赌的境地的，他的心中本来也是疑虑重重的；而且此刻，他看着这副雪橇，雪橇前的雪地里蜷着拖车的10只狗，在他面对着这实实在在的事实的时候，他就愈加觉得巴克要完成这项任务是不可能的。马修森变得更加洋洋得意了。

　　"三比一！"他宣布道，"我再压1000元的注，桑顿，你看好吗？"

　　桑顿内心的疑虑明明白白地写在他的脸上，但是，他的斗志也被激发了起来——这种斗志超越了赌注，看不到不可能性的存在，耳中一切都听不到，只能听到战斗的厮杀声。他把汉斯和皮特叫到身边。他们的钱袋干瘪瘪的，再加上他自己的，三个伙伴也只凑足200元。在他们的运气不好的时候，这笔钱就是他们的全部资本；但是他们毫不踌躇地放在了马修森的600元旁边。

为了一个人的爱

10 只狗的套绳给解开，巴克套着他自己的套索，站在了拉雪橇的位置上。他已受到人群兴奋的感染，觉得他必须为约翰·桑顿争光。对他堂皇的外表赞叹的声音由轻变响。这时的他，外表非常漂亮，没有一丁点儿的冗肉，那 150 磅重的身体里全都是坚忍与刚强。他的毛皮泛着丝绸的光彩。他的鬃毛沿颈部往下一直到双肩半竖在那里，在静静地等待着，一有动静，就会竖起来，似乎无限的精力使得每一根毛发都充满了生命与活力。宽阔的胸脯和粗壮的前腿与他身体的其他部分非常相配，他的肌肉在他的肌肤下都成了一个个坚硬的球。人们摸摸这些肌肉，说它们坚如钢铁，于是赌注比例往下降至二比一。

"天哪，伙计！天哪，伙计！"这个最新王朝里的一个成员，在结结巴巴地说，他是个实力强大的后起之秀。"在还没有开始试前，我拿 800 元做赌注，先生；只要他站起来，八百元就是你的了。"

桑顿摇摇头，走到巴克的身旁。

"你必须离他远些，"马修森抗议说，"不能推他，要远远地离开。"

人群中寂静无声；只能听到赌徒们的声音，他们在徒劳地下注说二比一。人人都承认，巴克是出色的畜生，但是二十袋五十磅重的面粉在他们眼里实在是个巨量，于是他们紧紧地攥住他们的钱袋。

桑顿在巴克的旁边跪了下来。他双手捧住他的头，面颊贴着他的面颊。他常习惯开玩笑地摇他的头，这次他没有这么做，也没有低声骂他的诨名；但是，他在他的耳朵里悄悄地说了几句话。"就像同你爱我一样啊，巴克。就像你爱我一样啊，"他低声地说。巴克带着抑制的渴望悲鸣起来。

人群好奇地观看着。事情渐渐变得神秘起来。它看起来像在变魔术。桑顿要站起来了，巴克用他的嘴抓住他的手，用牙齿挤压着，然后慢慢地、很不情愿地放开。这是在回答，不是话语的回答，而是爱的回答。桑顿向后远远地退开。

"开始吧，巴克，"他说。

巴克拉紧缰绳，然后放松几英寸。这是他学到的办法。

"向右!"桑顿的声音在紧张的寂静中清脆响亮。

巴克摆向右边，身体向下俯冲，将绳子松弛部分拉紧，他猛地一拉，将他那 150 磅的体重全使了出来。面粉袋颤动起来，下面的滑板发出噼里啪啦的碎裂声。

"向左!"桑顿发出了命令。

巴克重复了以上的动作，这次他摆向了左边。噼啪响声变成了响亮的断裂声，雪橇的枢轴动了起来，滑板滑动了，向侧面滑了几英寸。雪橇动了。人们屏住呼吸，眼前发生的事都让他们完全傻眼了。

"好，向前走!"

桑顿的口令像子弹出膛，响彻云霄。巴克拼命往前压着身子，拉紧了缰绳。他的整个身体在使足劲的时候缩在了一起，发亮的皮毛下肌肉像有生命的东西一样在那里滚动，形成一个个的团。他那宽大的胸脯压向地面，他压低头颅，向前冲去，他的脚拼命向前舞动，爪子在紧实的雪地上抓出两排平行的印子。雪橇摇晃了，颤抖了，开始有点向前移动了。他的一只脚滑了一下，不知谁出声地呻吟了一下。雪橇摇摇晃晃，虽然它并没有再次真正停下，但是看上去像是在一系列的抽搐与颠簸中向前移动……

为了一个人的爱

半英寸……一英寸……二英寸……颤抖明显减少了；雪橇向前的冲力增大了，他控制住颠簸，雪橇平衡地向前移动了。

人们舒了一口气，又恢复了呼吸，完全没有意识到他们刚刚屏息静气了好一阵。桑顿跟在后面跑步，用简短的话鼓励巴克。距离早已测量过，当巴克到达标志着百码尽头的柴火堆时，便响起了一阵欢呼声，当他经过柴火堆，在听到命令后停下时，欢呼声已响得惊天动地。所有的人都在解开自己的衣物，甚至马修森也是如此。空中飞舞着帽子和手套。人们在相互乱握手，也不管与谁握，他们激动得欢呼着，说出的话语无伦次、断断续续，谁也听不明白。

然而，桑顿这时跪了下来，跪在巴克的身旁。

他头顶着巴克的头，在来回地摇动。那些急忙过来的人听到他在骂巴克，这次他久久地、激动地、轻声细气地、充满爱怜地咒骂着他。

"天哪，伙计！天哪，伙计！"那个实力很强的后起之秀唾沫星乱飞地说，"我给你1000元买这条狗，先生，1000元，先生——1200，先生。"

桑顿站起身来。他的眼睛里满是泪水。眼泪顺着他的面颊毫无顾忌地流了下来。"先生，"他向那个实力很强的后起之秀说，"不卖，先生。给我滚得远点，先生。这就是我的回答，先生。"

巴克用他的牙齿拉住桑顿的手。桑顿来回摇着他。旁观的人们似乎出于共同的意愿，有礼地一齐向后退去，退到远一些的地方；他们也没有再不假思索地来打扰他们。

（选自《野性的呼唤》）

宋定伯与鬼

晋·干　宝

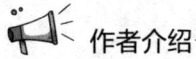

作者介绍

　　干宝，字令升，东晋著名的史学家和文学家，所著短篇小说集《搜神记》在中国小说史上有着极其深远的影响，被称作中国小说的鼻祖。另著有《晋纪》《春秋左氏义外传》等。

　　南阳宋定伯，年少时，夜行逢鬼。问之，鬼言："我是鬼"。鬼问："汝复谁？"定伯诳之，言："我亦鬼。"鬼问："欲至何所？"答曰："欲至宛市。"鬼言："我亦欲至宛市。"遂行数里。鬼言："步行太迟，可共递相担，何如？"定伯曰："大善。"鬼便先担定伯数里。鬼言："卿太重，将非鬼也？"定伯言："我新鬼，故身重耳。"定伯因复担鬼，鬼略无重。如是再三。定伯又言："我新鬼，不知有何所畏忌？"鬼答言："惟不喜人唾。"于是共行。道遇水，定伯令鬼先渡，听之，了然无声音。定伯自渡，漕漼作声。鬼复言："何以有声？"定伯曰："新死，不习渡

宋定伯与鬼

水故耳。勿怪吾也。"行欲至宛市，定伯便担鬼作肩上，急执之。鬼大呼，声咋咋然，索下，不复听之。径至宛市中，下着地，化为一羊，便卖之。恐其变化，唾之，得钱千五百乃去。当时石崇有言："定伯卖鬼，得钱千五。"

（选自《搜神记》）

与韩荆州书

唐·李 白

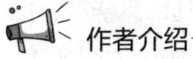
　　白闻天下谈士相聚而言曰："生不用万户侯，但愿一识韩荆州。"何令人之景慕一至于此耶！岂不以有周公之风，躬吐握之事，使海内豪俊奔走而归之，一登龙门，则声誉十倍，所以龙盘凤逸之士，皆欲收名定价于君侯。愿君侯不以富贵而骄之，寒贱而忽之，则三千宾中有毛遂，使白得颖脱而出，即其人焉。

　　白陇西布衣，流落楚汉。十五好剑术，遍干诸侯；三十成文章，历抵卿相。虽长不满七尺，而心雄万夫。王公大人，许与气义。此畴曩心迹，安敢不尽于君侯哉？

君侯制作侔神明，德行动天地；笔参造化，学究天人。幸愿开张心颜，不以长揖见拒。必若接之以高宴，纵之以清谈，请日试万言，倚马可待。今天下以君侯为文章之司命、人物之权衡，一经品题，便作佳士。而君侯何惜阶前盈尺之地，不使白扬眉吐气，激昂青云耶？

昔王子师为豫州，未下车即辟荀慈明，既下车又辟孔文举；山涛作冀州，甄拔三十余人，或为侍中、尚书，先代所美。而君侯亦荐一严协律，入为秘书郎，中间崔宗之、房习祖、黎昕、许莹之徒，或以才名见知，或以清白见赏。白每观其衔恩抚躬，忠义奋发，以此感激，知君侯推赤心于诸贤腹中，所以不归他人，而愿委身国士。傥急难有用，敢效微躯。

且人非尧舜，谁能尽善？白谟猷筹画，安能自矜？至于制作，积成卷轴，则欲尘秽视听，恐雕虫小技，不合大人。若赐观刍荛，请给纸墨，兼之书人，然后退扫闲轩，缮写呈上。庶青萍、结绿，长价于薛、卞之门。幸惟下流，大开奖饰，惟君侯图之。

（选自《中国古代书信名篇选读》）

沙弥思老虎

清·袁　枚

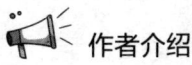 作者介绍

　　袁枚，字子才，号简斋，自号随园先生，论诗主张独抒性灵。

　　著有《小仓山房文集》《小仓山房尺牍》《随园诗话》《子不语》等。

　　五台山某禅师收一沙弥，年甫三岁。五台山最高，师徒在山顶修行，从不一下山。后十余年，禅师同弟子下山，沙弥见牛马鸡犬皆不识也。师因指而告之曰："此牛也，可以耕田；此马也，可以骑；此鸡犬也，可以报晓，可以守门。"沙弥唯唯。少顷，一少年女子走过，沙弥惊问："此又是何物？"师虑其动心，正色告之曰："此名老虎，人近之必遭咬死，尸骨无存。"沙弥唯唯。晚间上山，师问："汝今日在山下所见之物，可有心上思想

他的否?"曰:"一切物,我都不想,只想那吃人的老虎,心上却总觉舍他不得。"

（选自《新齐谐》）

采 棉

清·史震林

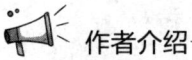作者介绍

史震林，字悟冈，号瓠冈居士，其文多为随笔、杂感，文笔清新自然、韵味雅淡、情文并茂。

著有《西青散记》《华阳散稿》。

事有小而不忘，思之不可再得，与人言生感慨者。

忆三四岁时，最喜猬。猬刺如栗房，见人则首尾相就如球。啼时见猬即喜笑，以足蹴之辘辘行。获乳兔二，抱而眠，饲以豆叶，不食而死，哭之数日。

八九岁，独负筐采棉，怀煨饼。邻有兄，名中哥，长一岁。呼中哥为伴，坐棉下，分煨饼共食之。棉内种芝麻，生绿虬，似蚕而大，拈之相恐吓。中哥作骇态，蹙额缩颈以为笑。后虽长，常采棉也。采棉日宜阴，日炙败叶，悄然而脆，粘于花。天晴，每承露采之，日中乃已。或兼采杂菽，棉与菽相和筐中，既归，

乃别之也。幼时未得其趣。

前岁自西山归湖上，携稚儿采棉于村北。秋末阴凉，黍稷黄茂，早禾既获，晚菜始生。循田四望，远峰一青，碎云千白；蜻蜓交飞，野虫振响；平畴长阜，独树破巢。农者锄镰异业，进退俯仰。望之，皆从容自得。稚儿渴，寻得余瓜于虫叶断蔓之中，大如拳，食之生涩。土蝶飞掷，翅有声激激然。儿捕其一，旋令放去。

晚归，稚儿在前，自负棉徐步随之，任意问答。遥见桑枣下，夕阳满扉，老母倚门而望矣。

（选自《盆山蕴秀——明清小品文卷》）